Arruda e guiné

F☀SF☀R☀

BIANCA SANTANA

# Arruda e guiné

Resistência negra no Brasil contemporâneo

*Prefácio*
EDSON LOPES CARDOSO

7 CARTA DA AUTORA

11 PREFÁCIO

2017

17 Quem lava sua privada?

22 Todo preso é um preso político

2018

29 Carta a homens brancos de esquerda

32 Quem é mulher negra no Brasil? Colorismo e o mito da democracia racial

37 Três tempos de uma mesma história

41 Memória e imaginação

45 É preciso mergulhar

49 A escolha é falar de política

54 As bases de uma consciência preta

2019

63 Nosso trono não será usurpado

66 Um chamado aos brancos

70 Tula Pilar

75 Cova no quintal

78 Fome coletiva por nossa história escondida

83 "Eles estão chegando!"

87 Atirar para matar

90 Uma carta a Angela Davis

2020

95 Resistência negra à necropolítica

98 Política de drogas e reparação

100 Incidentes de segurança

103 Por que Bolsonaro quer federalizar as investigações do assassinato de Marielle?

108 Por que fui citada por Jair Bolsonaro?

111 Racismo, colonialismo e falta de ar

115 Guilherme e Floyd, Minnesota é aqui
118 Viva Sueli Carneiro!
122 Quilombismo
125 Nossa negritude de pele clara não será negociada
129 Arruda e guiné
132 Pantanal em chamas e a urgência de outro pacto coletivo
135 Magazine Luiza e um passo de ruptura com o pacto narcísico da branquitude
138 Antirracista também na urna?
140 Mais que denunciar o governo, cuidar das pessoas com sintomas de Covid
145 Quer entender o Brasil? Leia Lélia Gonzalez!
152 Escrever para desafogar
155 Cara pessoa branca, você consegue não estar sempre no centro?

2021
161 Que mortalha poderá cobrir 210 mil corpos?
164 Distinções necessárias
167 Carta às crianças Marcelino
169 Doença de sobreviver
172 Para o pessoal das pautas identitárias

2022
177 Alcântara é quilombola
179 É preciso defender quem nos protege
181 Minha avó plantou o Brasil
183 Nossa subordinação política

187 GLOSSÁRIO
Redes de socioativismos, marcos jurídicos e patrimônios negros
194 ÍNDICE ONOMÁSTICO

# Carta da autora

Um golpe, em 2016, destitui a primeira presidenta eleita de seu segundo mandato. A imprensa hegemônica chamou de impeachment, mas o tempo tem mostrado que as tais pedaladas fiscais não motivaram o Congresso a tirar a faixa presidencial de Dilma Rousseff. Na votação daquele dia, por Deus, pela família e por torturadores, homens brancos ricos abriram caminho para que, mais tarde, um miliciano ocupasse o governo federal.

Entre 2017 e 2021, publiquei textos na revista *Cult*, no ECOA--UOL, na revista *Gama* e com menos frequência na *Folha de S.Paulo* que, reunidos aqui em um único volume, podem ajudar a compreender o cenário pós-golpe de 2016 e a resistência organizada do movimento negro e de mulheres negras. Se trabalharmos com seriedade — e tivermos sorte — podemos entender o que é necessário para que não percamos mais o Brasil, e consolidar o caminho para a justiça racial e social.

Muitos analistas brancos apontaram 2013 como um marco para compreender o golpe a partir das chamadas Jornadas de Junho, quando grupos de direita, sob um discurso de renovação política e combate à corrupção, se fortaleceram. As ruas haviam sido ocupadas pela juventude que queria mais mobilidade urbana, mais educação, mais igualdade de gênero. A esquerda se sentiu ofendida, afinal, não se podia contestar o governo democrático que estava no poder tanto no governo federal como na cidade de São Paulo, onde os protestos começaram, e a direita apenas surfou na oportunidade. Leitura rápida, é evidente, porque percebo 2013 como um marco importante por outro motivo.

Com a aprovação da PEC das Domésticas, as páginas da imprensa foram inundadas por um discurso colonial e escravocrata que parecia com os anos anteriores a 1888: se minha empregada doméstica tiver jornada de trabalho regulamentada como outros trabalhadores, quem vai dar café da manhã para as crianças às 7h da manhã e jantar para os adultos às 21h? Se a criança passar mal de madrugada, quem vai limpar o vômito? Pobre em avião, médico negro comunista e agora empregada doméstica com direitos trabalhistas? Para a classe média que se sente elite, aquilo tinha passado o limite aceitável. Um bueiro foi aberto e dele saiu todo tipo de manifestação racista e de ódio de classe. Cenário confuso o bastante para interesses econômicos internacionais forçarem o estabelecimento de um clima político que permitisse privatizar o pré-sal sem uma guerra inventada. Bastou um juiz de Curitiba, um Dallagnol, um acordo com a mídia, com o Supremo, com tudo e *voilà*. Centrão poderoso e Temer na presidência.

Com um discurso antissistema, um militar expulso da corporação, parlamentar por quase trinta anos, próximo de milicianos, foi eleito presidente da República em 2018. Mas não sem desrespeitar a lei eleitoral que proibia financiamento de campanha feito por pessoas jurídicas para disseminar desinformação pelo WhatsApp. Não sem uma controversa facada. Não sem colocar na cadeia o candidato mais forte às eleições. O acordo com tudo foi mesmo bem amplo. E quando chegou o coronavírus, tínhamos teto de gastos para investimentos sociais, e um presidente negacionista que incentivava práticas de propagação do vírus, evitando comprar vacinas o quanto podia. Bilionários enriqueceram, a maior parte da população empobreceu, a violência armada contra ativistas de direitos humanos, mulheres e jovens negros aumentou. Internacionalmente, viramos párias. E quem assumiu a resistência — movimento negro, feministas e movimento LGBTQIA+ — passou a ser acusado de "identitário".

No início de 2022 participei de uma reunião com o presidente Lula e um grupo de mulheres articulado por Janja, militante do PT desde 1983 e então noiva de Lula. "Se as mulheres querem o poder, elas não devem pedir, elas precisam tomar", repetiu Lula, coberto de razão. "Mas focar nas pautas identitárias afasta vocês da política geral, da política para o povo". Ao dizer isso, errou feio nosso ex-presidente e esperança de futuro. Mas pude responder: "O senhor é operário, presidente. Isso é uma identidade. Mas a partir da identidade de trabalhador o senhor faz política para todo mundo. Isso também vale para as mulheres negras, para as mulheres, para o movimento negro. Essa invenção de pauta identitária como algo menor ou apenas específico é coisa de homem branco que tem medo de perder poder. O senhor não precisa disso". Não sei se ele escutou como pareceu. Sei que estou mais interessada em organizar mulheres negras para exercerem o poder em benefício de toda a população do que em convencer o homem de 76 anos, em quem pretendo votar em 2022, de que temos razão. Lula é fundamental no ano-ponte de 2022. Mas queremos mais.

No encontro da Coalizão Negra por Direitos em Olinda (PE), em dezembro de 2021, em que discutimos as premissas para o posicionamento do movimento durante as eleições de 2022, jovens mulheres negras defenderam que não deveríamos apoiar Lula, mas, sim, lançar uma candidata negra à presidência. Fui das que se posicionou contrariamente à proposta por compreender que precisamos de Lula para derrotar Bolsonaro e, paralelamente, trabalhar para massificar o movimento negro. É necessário mudar a atual correlação de forças para ter, no futuro, uma mulher negra candidata à presidência com a força da colombiana Francia Márquez e que, ainda mais no futuro, possa ser eleita como Borić, Dilma ou Lula. Temos muitos passos a dar. E o primeiro passa por saber quem mandou matar Marielle Franco. Não podemos aumentar os alvos pintados nos corpos de cada uma de nós ao ocupar espaço na política institucional. É preciso justiça e memória para fortalecer as raízes do Brasil que queremos.

BIANCA SANTANA

*4 de maio de 2022*

# Prefácio

Observando a nossa volta, mesmo os mais distraídos verificarão que, diferente de outros tempos, circula uma paixão avassaladora que parece ter se apossado de pretos e pardos: a paixão de ser o que se é, a qual se expressa de modo intenso e vibrante no grande respeito por si mesmo e por seus iguais. A forma pela qual se manifesta a consciência negra não deixa dúvidas de que seu fortalecimento decorre da luta política e sinaliza, por sua vez, a tenacidade da nossa vontade coletiva para alcançar a transposição de um cotidiano muito adverso. Permanecemos ainda "nas regiões inferiores da hierarquia do poder", mas atravessamos uma linha central, cruzamos uma fronteira e rejeitamos a desumanização que estava colada a nossa identidade. O ser humano existe na história e, desenterrada com nossas próprias mãos, temos uma história. E agora projetamos a nossa frente possibilidades extraordinárias.

Creio que a grande novidade é que se reduziu significativamente a adesão da população negra a valores que a invisibilizavam e a diminuíam perante seus próprios olhos. Passamos a nos ver mais e melhor; e, do mesmo modo, passamos a ver os outros que são como nós, vivos e mortos. Estamos mais fortes e, é importante frisar, conscientes de nossa força. Isso vem fazendo toda a diferença.

Bianca Santana é jornalista, e uma intelectual sensível, além de ativista. Portanto, seus textos são permeados por essa paixão de ser e comprometidos com a afirmação crescente da consciência negra, crítica e transformadora. Essas são as bases que sustentam sua escrita, que acompanha de perto os esforços sociais e comunitários, bem como as estratégias para a construção de redes mais orgânicas, encampadas por mulheres e homens negros empenhados em mudar as coisas injustas e desumanas da sociedade brasileira atual.

Os textos reunidos neste livro circularam em diferentes espaços de mídia eletrônica, entre 2017 e 2022, e chamam a atenção porque informam, sensibilizam e estimulam o engajamento com a verdade da luta contra o racismo e as desigualdades raciais. "Onde você estava, quando. . . ?" Esta é uma indagação recorrente, com a qual Bianca exerce uma forte pressão moral sobre os inertes e acomodados.

Aliadas a uma grande capacidade de movimento e diálogo, sua empatia e solidariedade vão revelando novas formas de resistência e pequenas conquistas de liberdades reais, sabendo articular os destaques do presente com o rico acervo de nossa memória histórica e social. Bianca faz uma leitura profunda do pioneirismo de contemporâneos extraordinários, como Sueli Carneiro; mas segue atenta a Esperança Garcia, Abdias Nascimento e Lélia Gonzalez.

Além de retomar intelectuais e ativistas, contribuindo para que seus nomes e ideias circulem em uma rede mais ampla, Bianca também discute eventos importantes para a história nacional, que marcam a versatilidade das formas pelas quais o racismo se expressa e se reedita no tecido social brasileiro. Os mandantes do assassinato de Marielle Franco, por exemplo, permanecem semiocultos numa espécie de limbo da impunidade, enquanto chovem denúncias renovadas de agressões e ameaças de morte, que visam intimidar e cercear o exercício do mandato de parlamentares negras, negros e LGBTQIA+ em todo o país. As práticas do extermínio em curso não nos permitem subestimar a realidade trágica dessas ameaças. O racismo é, evidentemente, violento. O grande destaque da abordagem de Bianca Santana é sua disposição, com coragem e talento, para desnudar as estruturas subterrâneas da violência que são utilizadas pelo racismo no Brasil, doa a quem doer. Seus textos, agora em livro, devem conquistar novos leitores, porque refletem sobre aspectos cruciais de uma conjuntura que estão longe de resolver-se.

EDSON LOPES CARDOSO

*É poeta (fez parte do grupo Qorpo Insano, Porto Alegre, 1977), ativista de Movimento Negro, mestre em Comunicação Social (UnB) e doutor em Educação (USP), foi editor do jornal Ìrohìn e publicou, entre outros trabalhos,* Nada os trará de volta *pela Companhia das Letras, em 2022.*

**2017**

# Quem lava sua privada?

Publicado na revista *Cult*, em 11/7/2017

*A Emenda Constitucional nº 72 de 2013, conhecida como PEC das Domésticas, assegurou que essa classe de trabalhadoras alcançasse os mesmos direitos assegurados pela Consolidação das Leis do Trabalho (CLT), promulgada por Getúlio Vargas em 1946 para regular o trabalho formal. A extensão de direitos trabalhistas como jornada diária de oito horas, acesso ao Fundo de Garantia do Tempo de Serviço (FGTS) e intervalo para almoço durante o expediente culminou num amplo debate social, que teve como palco as redes sociais e, como antagonistas, setores dos movimentos sociais e a classe média.*

Se a resposta para a pergunta do título for o nome de outra mulher, aquela com quem você compartilha a casa, ou uma diarista, empregada doméstica — provavelmente negra, certamente pobre —, te dedico este texto, minha primeira coluna na revista *Cult*. Não o faço como provocação! Bem sei como são bacanas as pessoas que leem esta revista. Não quero te acusar de nada, porque, no caso de uma trabalhadora doméstica, sei que você paga um bom salário, com todos os benefícios, e ainda doa roupas usadas à mulher por quem nutre respeito e carinho. Mesmo assim, gostaria de propor uma reflexão. Porque sua ação quanto aos afazeres domésticos, independentemente do que a motiva, é também social e reverbera uma história. Uma história de desigualdade, machismo e racismo.

O recenseamento do Império do Brasil de 1872, dezesseis anos antes da Lei Áurea, indicava que 46,67% da população escravizada na cidade do Rio de Janeiro atuava nos serviços domésticos; 70% dentre as mulheres. A abolição não veio acompanhada por políticas reparatórias ou inclusivas. Não à toa, mais de cem anos depois da abolição, em 1998, 48% do total de mulheres negras trabalhadoras no Brasil eram domésticas. Em 2008, 22%; em 2014, 17%. Uma questão de raça. Mas não só. Seria impossível aprofundar neste texto a complexidade das relações, marcadas por abusos e também afetos, quando há uma pessoa assalariada na intimidade da casa. Recomendo uma visita à página do Facebook "Eu Empregada Doméstica", mantida pela rapper Preta Rara, Joyce Fernandes, desde julho de 2016, depois da grande repercussão de um relato publicado por ela: "Joyce, você foi contratada pra cozinhar pra minha família e não pra vc. Por favor, traga marmita e um par de talheres e se possível coma antes de nós na mesa da cozinha. Não é por nada, tá, filha, só pra gente manter a ordem da casa. Patroa Jussara, em Santos, 2009 — meu último emprego como doméstica".

A hashtag utilizada por Joyce, #EuEmpregadaDoméstica, deu origem à página, que republica histórias de mulheres e anúncios abusivos que circulam por todo o país. Mesmo depois da PEC das Domésticas, que, graças à luta organizada, garante direitos a quem trabalha mais de dois dias por semana em uma mesma casa, como jornada de oito horas diárias e 44 semanais, férias remuneradas e horas extras. Direitos adquiridos somente em 2013, mas que não valem para as diaristas. Estas, segundo o Departamento Intersindical de Estatística e Estudos Socioeconômicos (Dieese), eram 30,2% dentre as domésticas em 1992, passaram a ser 39,5% em 2015. Ganham mais por dia, trabalhando em quatro, cinco, algumas vezes seis casas diferentes por semana, mas sem carteira assinada, garantia de salário mínimo, décimo terceiro, repouso semanal remunerado, férias, aviso prévio, licença-maternidade, vale-transporte ou jornada máxima. Nenhum direito trabalhista, em 2017. A realidade que o governo golpista quer ampliar a todos.

Por mais que haja especificidades nas condições de vida de negras ou brancas, pobres ou ricas, as que têm empregadas ou as que são empregadas, as mulheres, no geral, são responsáveis pelo trabalho doméstico e sofrem com a dupla jornada, como denuncia o movimento feminista há décadas. Segundo dados da Pesquisa Nacional por Amostra de Domicílios (PNAD) de 2009, os homens sem filhos dedicavam 11,7 horas semanais a afazeres domésticos, enquanto as mulheres, cerca de 26 horas. No caso de terem filhos, as mulheres chegavam a despender 33,8 horas semanais nesses afazeres, enquanto os homens dedicavam 10,3 horas. Uma questão de gênero.

"Mas o que sugere, então?", você pode me perguntar. "Sabe quantas horas por dia trabalho fora de casa? A mulher com quem vivo não é melhor e mais rápida que eu nos afazeres domésticos? E as negras pobres ficariam sem emprego?" Não tenho respostas às suas perguntas. Nem vai ajudar dizer que tenho lavado minha própria privada, que muitas vezes penso em desistir e voltar a reproduzir na minha casa as relações opressivas do trabalho doméstico remunerado. Mas é urgente que, como sociedade, encaremos essas questões em busca de justiça social. O machismo e o racismo estão, também, dentro das nossas casas. E já passou da hora de compreendermos como os problemas sociais macro são produzidos, também, na vida cotidiana.

O livro *O ponto zero da revolução: Trabalho doméstico, reprodução e luta feminista*, de Silvia Federici, oferece pistas importantes para esboçarmos respostas, e ainda mais perguntas. Ali estão reunidos textos da autora sobre trabalho doméstico e de cuidados, escritos de 1975 até 2010. A sequência dos textos torna evidente o percurso intelectual de Silvia: de problematizar o trabalho doméstico não remunerado e se engajar na proposta de remuneração dessas tarefas, para que as mulheres pudessem ser independentes economicamente dos homens, à percepção de que o feminismo não poderia estar reduzido a uma agenda neoliberal que, ao promover autonomia em relação aos homens, gerasse dependência do capital. Silvia passa, então, a investigar aquilo que tem sido chamado de *commons*, o comum. Segundo a autora, "que começam por novas formas de reprodução coletiva e pelo enfrentamento das divisões geradas entre nós com base na raça, no gênero, na idade e na origem geográfica". Reprodução, na economia feminista, diz respeito a todo o trabalho necessário para reproduzir a vida, como cozinhar, lavar, limpar e cuidar. Tantas vezes percebido como trabalho repetitivo, improdutivo, invisível, exaustivo.

Foi assim também que Silvia percebeu o trabalho doméstico e de cuidados, por décadas. Até se reconectar com memórias de infância, dos momentos em que ajudava a mãe no preparo de massas, molhos e licores, quando aconteceram conversas importantes que a fortaleceram por toda a vida e permitiram outra percepção: "[...] é pelas atividades cotidianas que produzimos nossa existência e podemos desenvolver nossa capacidade de cooperar, e não somente resistir à desumanização, como também aprender a reconstruir o mundo como um espaço de criação, criatividade e cuidado". É isso mesmo. Lavar a privada poderia levar, então, a um caminho de transformação. À revolução, a partir do ponto zero.

Duas experiências alteraram a perspectiva teórica e política de Silvia, segundo ela mesma: estudar a história das mulheres na Europa durante a transição para o capitalismo, o que resultou no livro *Calibã e a bruxa: Mulheres, corpo e acumulação primitiva*, e ter sido professora visitante na University of Port Harcourt, na Nigéria, onde teve contato com modos de vida não capitalistas resistindo a intervenções do Banco Mundial e do Fundo Monetário Internacional (FMI). "Revisitar o início do capitalismo também ampliou meu conceito de reprodução do trabalho doméstico para a agricultura de subsistência, 'abrindo a porta' da cozinha para o jardim e a terra." O que leva a outra importante pergunta: quem produz sua comida? Atenção! A resposta, se passar por determinadas empresas de alimentos, pode ter relação com o golpe em curso no Brasil.

# Todo preso é um preso político

Publicado na revista *Cult*, em 6/9/2017

*Em 2006, houve a promulgação da chamada Lei de Drogas no Brasil. A lei é produto de uma política internacional de guerra às drogas, que é responsável pelo aumento vertiginoso do encarceramento e, no entanto, não apresenta resultados expressivos na diminuição do comércio internacional de drogas.*

*Na minh'alma ficou o samba*
*o batuque*
*o bamboleio*
*e o desejo de libertação.*
Solano Trindade, no poema "Sou negro"

Aos dezoito anos de idade, a primeira condenação: tentativa de assalto à mão armada. Meu irmão tentou roubar 120 reais e passou cinco anos e alguns meses preso. Um mês e meio fora do cárcere, já com 23 anos, encontrou uma batida policial. "Eu não estava com nada, Bi. O juiz vai me liberar", escreveu em uma carta. Não devia saber que o jornal do interior estampara seu retrato, nome e sobrenome ao noticiar a prisão por tráfico. Meses depois, a condenação a sete anos em regime fechado. Aos trinta ele deve voltar para casa. Talvez consiga cuidar de sua filha quando ela tiver dez anos. E aqui pergunto: você se lembra do que viveu entre dezoito e trinta anos? Ou tem consciência do quanto é estruturante essa fase da vida? O que significou a presença, ou a ausência, de seu pai, desde seu nascimento até os dez anos de idade? Da casa confortável de onde escrevo este texto, desfrutando dos privilégios de que meu irmão sempre foi privado, sinto raiva. Por mim. Por ele. Pelas mais de 600 mil pessoas presas no Brasil. Por suas filhas, mães, pais, irmãs, companheiras. Pela liberdade expropriada de pessoas negras desde os navios negreiros até hoje. Não à toa Angela Davis milita pelo que denomina *abolicionismo da prisão*. "Cada sentença um motivo, uma história de lágrima/ sangue, vidas e glórias, abandono, miséria, ódio/ sofrimento, desprezo, desilusão, ação do tempo/ Misture bem essa química/ Pronto: eis um novo detento." As rimas dos Racionais MC's sugerem a ação do tempo como um dos ingredientes do cárcere. O documentário norte-americano *A 13ª Emenda* explicita a história do encarceramento massivo. Por mais que os dados apresentados, tanto históricos quanto estatísticos, digam respeito aos Estados Unidos, os paralelos com a realidade brasileira são evidentes, mesmo que o racismo nos dois países tenha se estruturado de formas diferentes. Afinal, aqui, a segregação racial não foi legal. Mas basta circular em ambientes ricos — brancos — e pobres — negros — para perceber que ainda vivemos uma segregação racial amparada por muitas leis, ainda que não seja obrigatória por lei.

Com a abolição do sistema econômico da escravidão, leis de vadiagem colocaram homens negros na cadeia. O cinema e a imprensa foram importantes para construir o temor no imaginário social: pessoas negras sempre são uma ameaça. Com o aumento populacional, cresceram os índices de criminalidade. Crise econômica, direitos sociais destruídos, mais pobreza e criminalidade. E o aumento exponencial do encarceramento massivo com a chamada guerra às drogas. No Brasil, a população carcerária aumentou 267,32% de 2002 a 2016. Dois em cada três presos são negros. Um em cada três responde por tráfico de drogas. Aquilo que Angela Davis escreveu, em 2003, sobre os Estados Unidos, no livro *Estarão as prisões obsoletas?*, vale também para o Brasil: "Logo após a abolição da escravidão, os estados do Sul se apressaram em desenvolver um sistema de justiça criminal que restringisse legalmente as possibilidades de liberdade para os escravos recém-libertos. As pessoas negras se tornaram os principais alvos de um sistema em desenvolvimento de arrendamento de condenados, ao qual muitos se referiam como uma reencarnação da escravidão". Sistema que persiste hoje.

Mas as prisões não são inevitáveis? Não é para onde deve ir quem comete delitos graves?, alguém pode perguntar. Recorro novamente a Angela Davis: "Como podemos descriminalizar o uso de drogas e o comércio de serviços sexuais? Como podemos levar a sério estratégias de justiça reparadora em vez de uma justiça exclusivamente punitiva? Alternativas eficazes envolvem a transformação tanto das técnicas de abordagem do 'crime' quanto das condições sociais e econômicas que levam tantos jovens de comunidades pobres, especialmente das comunidades negras, ao sistema correcional juvenil e depois à prisão. O desafio mais difícil e urgente hoje é explorar de maneira criativa novos terrenos para a justiça nos quais a prisão não seja mais nossa principal âncora".

Neste ponto, talvez você se lembre de uma notícia que tomou as páginas dos jornais: Breno Fernando Solon Borges, filho branco e rico de uma desembargadora flagrado com 130 quilos de maconha, que não ficou na cadeia. E de Rafael Braga, o único preso político de junho de 2013, condenado a onze anos e três meses por tráfico de drogas e associação criminosa, mesmo com testemunhas sustentando que o flagrante foi forjado. Deve ter pensado também nos 63 jovens negros assassinados por dia no Brasil. Deve ter associado isso tudo às manifestações racistas de Charlottesville. E à retórica de guerra propagada cada vez mais contra favelas e periferias, como justificativa da militarização dos territórios, de execuções, prisões. A guerra às drogas é a atualização de um projeto genocida. A ela, os mais expostos e vulneráveis têm sido as mulheres. Para um retrato sensível das situações a que mulheres têm sido expostas, recomendo a animação *Política de drogas é uma questão de mulheres*, lançada pelo Instituto Terra, Trabalho e Cidadania (ITTC) em junho deste ano, disponível na internet.

Dentre tantas violências a que estão expostas as mulheres, está, é evidente, o encarceramento. Em quinze anos, o número de presas cresceu 567%. A maior parte delas condenada por tráfico. Especificidades como a menstruação são ignoradas pelo sistema penitenciário. Outras, como a maternidade e a amamentação, são tratadas com precariedade. Muitos são os relatos das que foram obrigadas a parir algemadas. O tempo mínimo de seis meses para o bebê conviver com a mãe presa é, na prática, o tempo máximo das que exercem esse direito. O livro *Presos que menstruam: A brutal vida das mulheres — tratadas como homens — nas prisões brasileiras*, da jornalista Nana Queiroz, permite uma aproximação dessa realidade, por meio de pequenos relatos que mostram a complexidade e as experiências de sete presidiárias.

Minha próxima tarefa, ao terminar este texto, é telefonar para o presídio onde está meu irmão para saber se meu nome já consta no rol de visitantes. Vou ligar muitas e muitas vezes até ser atendida. E talvez você não saiba, mas para enviar cartas ou encomendas para uma pessoa presa é obrigatório ter a autorização do Estado. Para pedir a autorização, na maior parte dos presídios de São Paulo, é necessário enviar cópia autenticada do RG e do CPF, comprovante de residência, atestado de antecedentes criminais, duas fotos 3x4. E se a pessoa for transferida, como aconteceu com o meu irmão, você precisa mandar tudo de novo. Ninguém vai te notificar sobre a transferência. Para descobrir, um pacote vai voltar pelo correio ou uma visitante vai ser mandada de volta para casa depois de todas as adversidades de locomoção até os presídios de beira de estrada. A atendente do correio pode te olhar com desconfiança, pena, ou então gritar bem alto para toda a fila ouvir que seu pacote não vai chegar até o presidiário se o número da cela não estiver no endereço, mesmo que não seja verdade.

2018

# Carta a homens brancos de esquerda

Publicado na revista *Cult*, em 3/4/2018

Eu não quero ouvir vocês. Nenhum de vocês. Estou de luto. Está doendo. Preciso de silêncio para dar espaço à dor e à raiva. Suas análises, formulações, propostas não me interessam. Preciso ouvir a mim mesma e a tantas outras mulheres negras cansadas de gritar.

Os tiros em Marielle Franco foram em todas nós. Eu sei que você sente que foi em você também. Mas não me interessa o que você sente. Não me interessa também saber que Marielle era uma negociadora e que possivelmente ela te ouviria e acolheria. Abertura para o diálogo e postura democrática não a protegeram das balas.

Pode ser que em algum momento eu queira te ouvir de novo. Espero que não. Porque eu te ouço desde que existo. E sinto que poucas vezes você parou para me ouvir. Você, com todas as boas intenções de um homem de esquerda, sempre foi contrário ao machismo, ao racismo e por isso mesmo assumiu para si o papel da revolução. Deixar isso para mulheres, ainda mais para mulheres negras, seria um erro! Você, com toda a inteligência iluminada e virilidade aguerrida que só um homem branco tem, é obviamente quem pode mostrar os caminhos para a luta política. Eu sei que você genuinamente acredita que o melhor para mim é te seguir. Mas preciso revelar uma coisa: eu não acredito nem nunca acreditei nisso. Mesmo quando balancei um sim com a cabeça, sorri ou arregalei os olhos de admiração fazendo você se sentir fantástico. Muitas vezes te deixei discursar sem interrupção ou discordância por tática. Eu te dobrei algumas vezes desse jeito e até consegui seu apoio fingindo seguir suas diretrizes. Mas cansei de fazer desse jeito. Pelo menos por agora, essa tática não me serve mais. Porque posso me perder no meu silêncio e acreditar eu mesma, ou dar a entender às minhas, que concordo, aceito ou estou deixando o espaço vazio para que você ocupe. Definitivamente, não é isso.

Além do mais, estou engasgada. E a execução de Marielle, que nunca vai ser digerida por mim, impede que qualquer outra coisa pare na minha garganta. Eu não posso mais ficar quieta. Quando as balas silenciaram Marielle, essa opção me foi arrancada. Vou falar. Vou gritar. Mesmo que eu seja ouvida apenas por mim mesma. Porque eu sou muitas.

Sou mulher negra, 27% do Brasil. Sou mulher, 52% da população. Sou eu quem cozinha, lava a roupa, limpa a privada, porque sou 92% das empregadas domésticas e também gasto o dobro do tempo que você nessas atividades. Em mais de 40% das casas, eu sou a chefe de família, apesar de ganhar 23,6% menos que você. Eu choro sem nenhuma vergonha, cuido das minhas emoções e das suas. É do meu útero que você e seus filhos nascem. Eu preciso me ouvir. Preciso ouvir quem carrega as pessoas no ventre, nos braços e nas costas, apesar de todas as condições adversas.

Ao contrário de você, eu tenho muito mais perguntas do que soluções. Preciso formular melhor essas perguntas e direcioná-las de forma adequada. Um exemplo: sou anticapitalista e anseio por uma vida que não gere lucro para empresas e morte para as pessoas. Não sei como fazer. Na Cidade Tiradentes, Zona Leste de São Paulo, a média de rendimento das mulheres negras, em 2010, foi de 403,65 reais por mês. Essas mulheres mantêm sua vida e a de seus filhos com relações e trocas que extrapolam as capitalistas, porque é impossível viver em São Paulo com esse valor. Essas mulheres eu quero e preciso ouvir, não você. Mas, por favor, não fique chateado. Você pode tentar conversar com seus amigos. Talvez eles não te ouçam e aproveitem a oportunidade para um monólogo, há uma limitação neles, mas você pode tentar. Também posso te mandar umas flores ou te dar um chocolate ou postar nas redes sociais alguma frase bonita sobre você. Se isso ajudar, faço de bom grado, está bem? Me manda um e-mail bem curto, escrito "biscoito" no assunto.

Com amor,

BIANCA

# Quem é mulher negra no Brasil?
## Colorismo e o mito da democracia racial

Publicado na revista *Cult*, em 8/5/2018

*Ao longo da segunda década do século 21, como decorrência de aspectos como o aumento do acesso de pessoas autodeclaradas pretas e pardas às universidades e a popularização das redes sociais, o conceito de colorismo foi apropriado por diversos setores para discutir as diferenças de acesso entre negros de pele escura e clara como um índice de privilégio destes últimos; e, em muitos casos, como dispositivo de deslegitimação da autodeclaração racial de pessoas negras de pele clara. A leitura contemporânea do conceito norte-americano de colorismo suscitou a renovação do debate sobre o lugar do pardo no tecido social e da conquista histórica, que é fruto das reivindicações dos movimentos negros, dos estudos sociológicos do reconhecimento estatal da população negra como o conjunto de pretos e pardos.*

Minha pele não é retinta. Tenho a cor da miscigenação brasileira, que tantas vezes foi utilizada para reafirmar o mito da democracia social. "Você precisa escrever sobre isso. Precisa falar sobre colorismo", declarou Sueli Carneiro da última vez que nos encontramos. E, se Sueli declara, a gente obedece.

Colorismo significa, de maneira simplificada, que as discriminações dependem também do tom da pele, da pigmentação de uma pessoa. Mesmo entre pessoas negras ou afrodescendentes, há diferenças no tratamento, vivências e oportunidades, a depender de quão escura é sua pele. Cabelo crespo, formato do nariz, da boca e outras características fenotípicas também podem determinar como as pessoas negras são lidas socialmente. Pessoas mais claras, de cabelo mais liso, traços mais finos podem passar mais facilmente por pessoas brancas e isso as tornaria mais toleradas em determinados ambientes ou situações. É isso. Mas não é só isso. Poder ser vista como branca, ou melhor, como não negra, me permitiu oportunidades que provavelmente eu não teria se tivesse a pele mais escura, como ocupar um cargo de coordenação em um colégio europeu, de elite, onde um dia precisei argumentar fervorosamente que era uma mulher negra e que essa era uma afirmação importante. Mas não se pode perder de vista que na cidade onde vivo, São Paulo, empregos subalternos, o trabalho doméstico, os presídios têm a minha cor de pele.

Tarefa difícil essa de escrever sobre colorismo, que certamente não se esgota neste texto. "Como determinar a cor se, aqui, não se fica para sempre negro e/ou se 'embranquece' por dinheiro ou se 'empretece' por queda social?", perguntou certa vez a antropóloga e historiadora Lilia Moritz Schwarcz. Para falar sobre colorismo precisamos considerar classe, escolarização e outros marcadores sociais da diferença. E uma breve genealogia do termo "pardo" pode ser útil. Nos memes de redes sociais, pardo é papel, não gente. Mas o termo se refere a pessoas desde o Brasil colonial, com múltiplos usos e significados.

No século 17, era utilizado em São Paulo para designar indígenas escravizados ilegalmente. Já no Nordeste açucareiro do mesmo período, onde africanos eram a maior parte da população, tendia a ser sinônimo de mestiçagem, ou do fruto da união entre europeus, africanos e indígenas. Mais tarde, no Sudeste, o termo aparece não só como referência à mestiçagem, mas também como sinônimo de pessoa livre, independentemente da cor de pele. O termo "pardo" no Brasil Colônia, portanto, indicava, além da cor de pele, o status social de pessoas não brancas livres, em um universo escravista. Segundo Hebe Mattos, o termo era uma possibilidade de diferenciação social, variável conforme o caso. "Assim, todo escravo descendente de homem livre (branco) tornava-se pardo, bem como todo homem nascido livre que trouxesse a marca de sua ascendência africana — fosse mestiço ou não", escreveu a historiadora.

Da mesma forma, os termos "preto" e "negro" também apresentavam diferenças semânticas no período escravocrata: negro era o escravo insubmisso, e preto, o cativo fiel. Mas é possível perceber variações de significados em diferentes períodos: até a primeira metade do século 19, "crioulo" era exclusivo de escravos e forros nascidos no Brasil, "preto" designava africanos.

Os censos evidenciam, no quesito cor, como essa semântica é negociada no Brasil de forma complexa, muitas vezes intencionalmente confusa. O primeiro e o segundo censo do país, em 1872 e 1890, registraram a população preta, branca e mestiça; no de 1872, acrescida a informação da condição de escravo ou livre. Nos censos de 1900, 1920 e 1970, o item cor foi retirado. Diante da constatação de que o Brasil era um país mestiço e negro, o terceiro e o quarto censo simplesmente deixaram de registrar a informação sobre a população, assim como o primeiro censo do regime militar, quando se reforçava a ideia de homogeneizar o país. No censo de 1950, a população foi distribuída entre brancos, pretos, amarelos e pardos. Indígenas não possuíam uma categoria classificatória. Em 1960, indígenas deveriam ser declarados como pardos. Em 1980, havia uma explicação para pardos: "mulatos, mestiços, índios, caboclos, mamelucos, cafuzos etc.".

Em 1976, o Instituto Brasileiro de Geografia e Estatística (IBGE) fez a Pesquisa Nacional por Amostra de Domicílios, em que deixou a categoria cor como uma pergunta aberta. Cento e trinta e seis cores diferentes foram registradas, que iam da acastanhada à vermelha.

Esse uso flexível e maleável na cor que se observa no Brasil desde o período da escravidão, tão explicitado na pesquisa de

1976, está relacionado à imagem negativa da mestiçagem propagada explicitamente até a década de 1930, seguida pela extensa propaganda oficial do mito da democracia racial. Desde o século 19, teóricos das raças enalteciam "tipos puros" e colocavam a miscigenação como sinônimo de degeneração racial e social. O termo "eugenia", criado em 1883, propagava a visão de que as capacidades humanas estavam exclusivamente ligadas à hereditariedade. A criminalidade, por exemplo, era vista como fenômeno físico e hereditário. Raça se tornou, nesse período, um conceito para discriminar e hierarquizar povos. Na metade do século 20, geneticistas e biólogos moleculares afirmaram que raças puras não existem cientificamente. Mas pouco antes disso, na década de 1930, ganhou relevância no Brasil uma interpretação social, e não biológica, das relações raciais brasileiras. Gilberto Freyre afirma que a miscigenação teria acomodado conflitos raciais no Brasil, corrigindo a distância social entre a casa-grande e a senzala.

Lélia Gonzalez é uma das vozes que desconstroem o mito da democracia racial, denunciando que o sistema escravista--patriarcal brasileiro não se constitui sobre bases harmônicas, mas na violência racial e sexual que se reproduz desde a colonização na sociedade brasileira. Uma década depois, Sueli Carneiro cunha o "estupro colonial" da mulher negra pelo homem branco* como as bases para a fundação do mito da cordialidade e da democracia racial brasileiras.

O movimento negro vem buscando conscientizar quem sofre discriminações por sua aparência física e origem racial — seja

---

* É evidente que, mesmo no período colonial, existiram relações inter-raciais respeitosas e não fundamentadas na violência. Mas o mito da democracia racial desconsiderava os abusos a que mulheres negras foram submetidas no período escravocrata e depois dele. Por isso a importância de Sueli Carneiro, que teve um casamento inter-racial bastante harmônico, cunhar o termo "estupro colonial".

quem se declara preto, seja quem se declara pardo ao IBGE — em torno de uma mesma identidade racial de negro. "Trata-se, sem dúvida, de uma definição política embasada na divisão birracial ou bipolar norte-americana, e não biológica. Essa divisão é uma tentativa que [...] remonta à fundação do Movimento Negro Unificado, que tem uma proposta política clara de construir a solidariedade e a identidade dos excluídos pelo racismo à brasileira", explicou o antropólogo Kabengele Munanga. Da mesma forma, o movimento de mulheres negras, que nasce dentro do movimento negro, busca conscientizar mulheres, desde a década de 1980, de sua identidade de mulher negra.

Como já escreveu tantas vezes Sueli Carneiro, o projeto em curso no Brasil ainda é o de uma hegemonia branca. Ele opera pela exclusão e pela violência contra pessoas não brancas, especialmente as negras e indígenas. No imaginário social, esse projeto também aparece em uma leitura de passado que omite a violência e a resistência à escravidão; encoberta as estratégias de branqueamento e do silenciamento de vozes e memórias da população negra. O mito da democracia racial branqueava negras e negros miscigenados. É importante, ao falarmos sobre colorismo, não cometermos o mesmo erro. Afinal, a quem isso poderia interessar? Como escreveu Lélia, "a gente nasce preta, mulata, parda, marrom, roxinha etc. Mas tornar-se mulher negra é uma conquista".

# Três tempos de uma mesma história

Publicado na revista *Cult*, em 12/6/2018

Um gradil cinza circunda as barracas coloridas onde está parte das pessoas desabrigadas pelo incêndio e o desabamento do edifício Wilton Paes de Almeida, na madrugada de 1º de maio de 2018. Atrás, em um amarelo destacado, a igreja Nossa Senhora do Rosário dos Homens Pretos, construção finalizada em 1906 para receber a irmandade desapropriada anos antes. Na placa, o nome do largo: Paissandú, homenagem à batalha de 1864, que antecedeu a Guerra do Paraguai, na cidade uruguaia de Paysandu. Guerra que exterminou milhares de soldados negros, livres ou escravizados. Em uma imagem, três tempos de uma mesma história, que permite compreender como se dá o genocídio de pretos e pobres no Brasil.

Na manhã de 18 de maio de 2018, uma mulher nina um bebê de pouco mais de dois meses. Dois homens conversam enquanto ajudam uma menina a se equilibrar no triciclo. Algumas pessoas se posicionam perto das grades, em alerta, cuidando da segurança. Nas escadas da igreja, duas mulheres dobram roupas. Na mesa à frente da cozinha improvisada, um grupo pica vegetais. Todos negros. Dez dias antes, o cenário era de guerra: fumaça, pessoas desesperadas, miseráveis de toda parte disputando as sobras de quem tinha perdido tudo, mas recebia doações que chegavam dia e noite. Dia 18, a rotina já se impôs e o acampamento compõe a paisagem da cidade que caminha rapidamente, sem atentar aos papéis pendurados na grade, informando a necessidade de manteiga, óleo, alho e temperos.

"Muita gente já saiu daqui. Aceitaram ir para abrigo. Mas a gente precisa é de moradia permanente. Acho que o jeito vai ser ocupar outro prédio", me dizia uma acompanhante, quando pediu licença para se aproximar de uma mulher que chegava com notícias. Diversas pessoas se aglomeraram para ouvir que começaram os telefonemas da prefeitura para quem se cadastrara à espera de moradia.

— Vou lá falar com a assistente social, então.

— Não adianta, tem que esperar eles telefonarem no número que você passou.

— A gente vai é esperar para sempre!

— Mas eu fui ontem na Câmara dos Vereadores e vi quando o secretário prometeu que ia sair um ano de aluguel social para todo mundo.

— Um ano de aluguel social resolve o quê? Eu recebi aluguel social desde quando a Marta fez e depois de sete anos estava sem casa de novo.

— E quem acredita no que eles falam?

— Mas se falou na frente de todo mundo, da televisão, ele vai fazer. Não ia mentir na frente de todo mundo.

As falas atropeladas parecem sempre terminar em reticências. Mesmo as afirmações contundentes não ressoam certezas. Uma forma de comunicação desconfiada que evoca lembranças de vulnerabilidade e falta de acesso a direitos. É provável que o cenário seja outro quando este texto for impresso. E não é possível prever onde e como cada uma vai morar daqui para a frente. E elas sabem disso. Falta de moradia e remoções fazem parte da história de muitas delas. E também do largo. Como já anunciado, a construção amarela é outra materialidade de um passado de limpeza urbana.

A igreja Nossa Senhora do Rosário dos Homens Pretos começou a ser construída nesse local em 1904. Por quase duzentos anos estivera na atual praça Antônio Prado, perto da rua Quinze de Novembro, antigo largo do Rosário. Desde 1721, a primeira igreja, construída por negras e negros, foi um espaço de organização política, social e religiosa. Proibidos de frequentar as igrejas dos brancos, os membros da Irmandade dos Homens Pretos levantaram o templo, que podia ser desfrutado por forros e escravos, sincretizando rituais católicos a práticas de matriz africana, especialmente de origem banta.

No início do século 20, Antônio Prado, primeiro prefeito de São Paulo, iniciou uma reforma urbana higienista que afastava pobres e negros das regiões mais valorizadas do Centro. Uma versão anterior do processo de gentrificação denunciado pelo movimento de moradia contemporâneo. Ou o princípio dele.

Em 1903, a Câmara Municipal aprovou uma lei que desapropriava os bens da irmandade e cedia um lote pantanoso no Tanque do Zuniga, atual largo do Paissandú, para a construção da igreja. O terreno desapropriado, surpreendentemente, foi doado a Martinico Prado, irmão do prefeito, que ali construiu o primeiro prédio de escritórios de São Paulo, onde hoje funciona a Bolsa de Mercadorias e de Futuros. Sim. A Bolsa de Valores está sediada no Palacete Martinico Prado, à praça Antônio Prado, nome do prefeito que desapropriou pretos pobres.[*]

---

[*] No início de 2016, a Secretaria Municipal de Promoção da Igualdade Racial lançou um edital para selecionar candidatos à realização de uma escultura em homenagem a Zumbi dos Palmares. O escultor José Maria Ferreira dos Santos, homem negro residente de Embu das Artes, foi selecionado para a tarefa. A escultura foi realizada no mesmo ano e instalada na praça Antônio Prado.

Quanto ao destino das pessoas acampadas, a história também nos oferece inúmeros exemplos de como o Estado brasileiro responde às promessas feitas a pretos e pobres. E não precisamos ir longe. O nome Paissandú, mais uma vez, faz referência a uma das batalhas que antecederam a Guerra do Paraguai. Como se sabe, muitas das tropas brasileiras foram compostas por escravizados, que se alistavam não só com a promessa de alforria, mas também pelo compromisso do imperador Pedro II em abolir a escravidão. Ao final da guerra, em vez de libertação, em 1871, foi promulgada a Lei do Ventre Livre, que, no papel, considerava em liberdade todos os filhos de mulheres escravizadas nascidas a partir daquela data. Na prática, crianças negras nascidas livres continuaram trabalhando nas mesmas condições das que nasceram escravizadas.

Tantos dados, de diferentes tempos, no mesmo território, nos informam como o Estado brasileiro está a serviço do capital financeiro. E nós? Assistimos? Evoco a pergunta-provocação de um militante do movimento negro durante o seminário "Justiça por Marielle e Anderson, Contra a Intervenção Militar e o Genocídio Negro", que aconteceu na terceira edição da Feira Nacional da Reforma Agrária, em São Paulo: "Para o meu bisavô, disseram que ele deveria ser um bom escravo, que a abolição logo viria. Para o meu avô, prometeram que, se ele trabalhasse bastante, teria condições de vida. Para o meu pai, disseram que, depois do ginásio, viria a CLT. Para mim, foi o ensino superior. Mas, mesmo graduado, sou parado pela polícia e não tenho emprego. Até quando vamos acreditar nas promessas?".

---

→ A proponente do edital, bem como a escolha do artista e do local a ser ocupado pela escultura são emblemáticos do modo como este território e a memória social sobre os patrimônios negros continuam sendo disputados.

# Memória e imaginação

Publicado na revista *Cult*, em 8/8/2018

"Eta menina preguntadeira! Eu lá quero saber de história triste?", interrompia minha avó quando eu insistia em perguntar se seus pais tinham sido escravizados ou pedia mais detalhes de sua infância na década de 1920. Esquecimento como proteção. Mas, de algum modo, eu acessava a importância de lembrar. "Onde estão os livros que contam as histórias de quem não está nos livros da escola?", perguntava para minha mãe, professoras, bibliotecárias. As respostas, ao longo dos anos, me permitiram colecionar referências dispersas. No último 18 de julho, minha menina preguntadeira vibrou ao entrar na sala de pouco mais de cinquenta metros quadrados em um edifício comercial no centro de Salvador. No Centro de Documentação, Comunicação e Memória Afro-brasileira (Ìrohìn), estão sendo catalogados cerca de 2500 livros, além de panfletos, cartazes e jornais publicados pelo movimento negro nos últimos 45 anos.

O professor e jornalista Edson Lopes Cardoso, coordenador do Ìrohìn, me recebeu. Já estivemos juntos pelo menos outras duas vezes. A generosidade com que compartilha saberes é a mesma que o motivou a doar sua biblioteca ao Ìrohìn, fundado por ele como jornal em 1996. Depois da Marcha Zumbi dos Palmares, em 1995, a preocupação de Edson em registrar memórias ganhou corpo na publicação que reunia reflexões de lideranças do movimento negro. "Se não registrássemos aquele processo da marcha, diriam que nunca aconteceu. A política, como diz Hannah Arendt, é feita a partir de fatos e eventos. Estes podem ser apagados ou distorcidos. Por isso, a memória é fundamental na política. Que Marcha Zumbi dos Palmares? Trinta mil pessoas em Brasília? Não estou sabendo! Pronto. Apagada. Se não tiver memória não se faz política. Entre 1996 e 2009 o *Ìrohìn* foi distribuído nacionalmente, com tiragens de até 16 mil exemplares. Entre 2006 e 2010 teve vida uma versão on-line da publicação. Em suas páginas, estão registradas ações e reflexões de mais de vinte anos do movimento negro brasileiro.

Nascido em Salvador, Edson viveu por quase 25 anos em Brasília, desde 1992, quando foi chefe de gabinete de Florestan Fernandes, em seu mandato de deputado federal. Seguiu como assessor parlamentar até 2005, sempre tendo as relações raciais como foco. Além do *Ìrohìn*, editou outras importantes publicações do movimento negro, como o *Raça & Classe*, da Comissão do Negro do PT-DF e o *Jornal do MNU*, do Movimento Negro Unificado. Mestre em comunicação e doutor em educação, Edson tem como referência uma frase do militante antiapartheid da África do Sul Steve Biko: "Um povo sem memória é como um carro sem motor". Memória, para ele, não é apenas sobre o passado, mas sobre o futuro. Ativar a memória nos permite seguir em movimento.

Quando voltou a Salvador, depois do golpe de 2016, alugou o espaço onde iniciaria seu projeto de biblioteca e centro de memória. "Eu sei que seria mais fácil fazer isso em São Paulo ou no Rio de Janeiro. Mas Salvador é onde pulsa essa matriz africana e onde a informação é mais necessária. Sei que pós-graduandos, pesquisadoras vão vir consultar o acervo do Ìrohìn.

Mas eles não são o foco principal do projeto. Queremos servir a estudantes de escola pública, a pessoas que estão em processo de alfabetização." Para isso, além de acolher quem busca determinada publicação, o centro tem promovido círculos de leitura. Atualmente, Edson tem lido Lima Barreto com um grupo de estudantes de graduação da Universidade Federal da Bahia (UFBA). "Não podemos esperar que a universidade faça isso. A memória do movimento negro precisa ser valorizada, conversada, divulgada pelo próprio movimento negro", afirma Edson. "Ativar a memória é confrontar o poder do Estado. Quem pode fazer isso? O movimento social."

Com um projeto financiado pelo Fundo Brasil de Direitos Humanos foi possível preparar o espaço físico e contratar estudantes de biblioteconomia para organizar o acervo. Antes que os títulos iniciais, doados por Edson, estivessem catalogados, o İrohìn recebeu a doação da biblioteca de Luiza Bairros e de militantes do movimento negro. "É só começar. O tempo todo as pessoas falam sobre o que têm em casa, que pode vir a compor este acervo. Precisamos criar condições estruturais de organizar e preservar nossos registros. Outro dia um dos nossos militantes mais antigos disse que a papelada guardada na casa de uma filha se encheu de barata e precisaram colocar fogo em tudo. Como é possível? Colocar fogo na nossa memória?" Além de preservar memória, a imaginação, segundo Edson, é crucial para se produzir conhecimento. "Pense comigo. Em um determinado momento de Palmares, líderes mulheres e homens à luz da fogueira avaliam que virá o embate final. Uma sociedade militarizada como aquela poderia prever o que estava por vir. Naquele momento, alguém propôs: não seria melhor se entregar? É razoável que alguém diga isso em uma reunião dessas. Mas se entregar pra quê? Ser escravo de novo? Eu recebo a mensagem! A semente daquelas palmeiras está aí para quem quiser receber. Eles queriam falar conosco, à frente. É preferível morrer a ser escravizado. É como atirar uma mensagem na garrafa. E eu agarrei. Este é o meu tipo de vínculo com o movimento negro."

# É preciso mergulhar

Publicado na revista *Cult*, em 8/10/2018

"Para os africanos escravizados assim como para os seus descendentes libertos, tanto o Estado colonial português quanto o Brasil — Colônia, Império e República — têm uma única e idêntica significação: um estado de terror organizado contra eles", publicou Abdias Nascimento em 1980. Mesmo no período democrático posterior ao ensaio "Quilombismo: Um conceito científico histórico-social", basta observar os dados de violência ou encarceramento para compreendermos a verdade sintetizada por Abdias. Retomo-a neste texto, escrito antes do primeiro turno das eleições de 2018, porque, independentemente do resultado das urnas, vivemos um estado de terror há séculos. É evidente que a composição do Legislativo e do Executivo importam. Mas não podemos perder de vista que o estado de terror contra negras e negros persistirá, em diferentes graus e formatos, aconteça o que acontecer na primeira eleição pós-golpe de 2016. E que, aconteça o que acontecer, o mar revolto de quando escrevo não estará mais calmo com a revista impressa.

Eu nunca mergulhei. Mas li, na carta bonita de uma amiga, que no momento do salto em um mar bravo as ondas batem na cara. Se ficar na superfície, não dá para respirar, muito menos pensar. Que quando estamos em um semimaremoto, o melhor a fazer é colocar a máscara e submergir. Porque, se existir coragem de sair da superfície, as ondas não importunam e tudo é luz, cor, vida. Neste momento turbulento em que estamos, sair da marola eleitoral e do golpe recente para mergulhar com coragem na nossa história talvez permita respirar e enxergar possibilidades para o futuro. E por coragem compreendo perspectivas não coloniais da nossa história. Falo sobre escavar as ausências e os silêncios a fim de encontrar os tesouros que nos permitam compreender como, apesar de um projeto genocida, somos a maior parte da população brasileira. E em um breve exercício daquilo que podemos encontrar camuflado em arquivos, músicas, práticas, evoco três mulheres negras que precisamos ter como referência.

Esperança Garcia foi uma negra africana escravizada no Brasil do século 18. Em 1770, redigiu, de próprio punho, um documento de denúncia da escravidão e de reivindicação por direitos. Refutando o projeto colonial, resistiu à naturalização de sua condição de escravizada e endereçou seu manifesto ao então governador do Piauí. Vale lembrar que o primeiro censo do país, de 1872, registrava que 82,3% da população brasileira era analfabeta. Como seria então no século anterior? Quando nem mesmo brancos escravocratas dominavam as letras, Esperança lia, escrevia e manipulava o documento escrito como instrumento de reivindicação política.

Rosa Egipcíaca, capturada na Costa da Mina, em África, também foi escravizada no Brasil. Como escrava de ganho, tinha relativa autonomia em relação ao seu tempo, sendo obrigada a entregar determinada quantia mensal a seus senhores. Prostituta, além do que entregava aos exploradores, fez dinheiro suficiente para comprar a própria alforria e, mais tarde, uma casa de prostituição. E, o que me soa como tática brilhante:

teve uma visão. A própria Virgem Maria a orientou a fundar um convento só para ex-prostitutas negras. E mais: ela deveria aprender a ler, escrever, e contar sua vida em um livro. Rosa compra um imóvel no centro do Rio de Janeiro, monta seu convento e escreve um livro de 250 páginas. Infelizmente, não conhecemos o que escreveu. As notícias sobre Rosa vêm dos documentos da Inquisição. Foi levada à corte, em Lisboa, julgada e condenada como bruxa.

Maria Bibiana do Espírito Santo, Mãe Senhora, nasceu no Brasil de 1890 e foi a terceira iyalorixá do Ilê Axé Opô Afonjá, em Salvador. Sua mãe a precedeu. Sua avó foi fundadora da casa, no século 19. As três descendiam de uma família nobre africana Asipá, originária de uma região que hoje compõe Nigéria e Benin. A mulher que vendia frutas no mercado público foi a mãe espiritual e a liderança política de centenas de pessoas, que espalharam os preceitos do candomblé pelo país. O candomblé, muitas vezes reduzido a religião, é também uma complexa e eficaz tecnologia social de preservação da memória e da vida da população negra. Muitas vezes lideradas por mulheres, famílias de santo extrapolaram laços consanguíneos — dilacerados pelo sistema escravista por quase quatro séculos —, constituindo comunidades de partilha material, simbólica e espiritual.

Para Abdias, a chave do nosso futuro estava na compreensão dessa partilha comunal, que, historicamente, nos permite viver, apesar do permanente estado de terror. "Precisamos e devemos codificar nossa experiência por nós mesmos, sistematizá-la, interpretá-la e tirar desse ato todas as lições teóricas e práticas conforme a perspectiva exclusiva dos interesses das massas negras e de sua respectiva visão de futuro. Esta se apresenta como a tarefa da atual geração afro-brasileira: edificar a ciência histórico-humanista do quilombismo", escreveu. E por quilombo, como já mencionei exaustivamente em outros textos, não falamos sobre a fuga de escravos, mas, também nas palavras de Abdias, sobre "reunião fraterna e livre, solidariedade, convivência, comunhão existencial. Repetimos que a sociedade quilombola representa uma etapa no progresso humano e sociopolítico em termos de igualitarismo econômico".

A partilha em comunidade, recorrente entre pessoas negras à margem da estrutura econômica do capital, precisa ser constatada como tecnologia social potente, como possibilidade de futuro, não como sintoma da exclusão. O olhar colonizado sobre nossa história nos mantém na superfície, sem respirar, com as ondas batendo na cara. Precisamos do mergulho. Precisamos do quilombo.

# A escolha é falar de política

Publicado na revista *Cult*, em 5/11/2018

*Os mandatos coletivos são uma forma de governo que, embora tenham tido início em 1994, ganharam força com o lançamento das candidaturas, como o Mandato Coletivo Original, do Alto do Paraíso, em Goiás, e da Bancada Ativista, em São Paulo, no ano de 2018. Essa forma de governo consiste na criação de uma chapa formada por pessoas atuantes em diversas áreas sociais e políticas, que podem compartilhar o mandato ou auxiliar na divulgação da candidatura. Antes do reconhecimento dessa prática pelo Tribunal Superior Eleitoral (TSE), em 2021, as chapas tinham um representante cadastrado no TSE e organizavam sua atuação política e divisão da remuneração de forma autônoma.*

*Esse formato de candidatura estimulou a criação de coletivos com atuação política transversal, mediante a criação de chapas que reuniam ativistas e políticos de causas, ambientais, raciais, de gênero no mesmo programa de governo. Ela também foi a porta de entrada de diversos ativistas negros, mulheres e periféricos na política institucional.*

"Nossas independências foram feitas por poetas", ouvi do escritor angolano Kalaf Epalanga. "Eles sabem o poder de plantar ideias na cabeça de alguém, por isso escritores são perigosos." Um argumento, exposto em segundos, que iluminou minhas perguntas sobre o próximo período.

Os 45 dias anteriores, de campanha eleitoral, somados aos três meses de pré-campanha, haviam sido de entrega a uma candidatura negra, periférica, popular, de esquerda. O cenário para o Executivo era tão assustador que me empenhei no Legislativo, batalhando com o movimento negro de São Paulo por uma cadeira na Câmara Federal. Foi quase. Dói muito ter batido na trave e os mais de 46 mil votos terem sido insuficientes para garantir uma quarta vaga ao Partido Socialismo e Liberdade (PSOL). Os 31718 do candidato do Partido Social Liberal (PSL) foram o bastante para ser puxado por um dos filhos do coiso. A vontade de só falar sobre isso é enorme. Mas meu candidato já foi exposto demais.

Respira e lembra que com Talíria Petrone, eleita pelo Rio de Janeiro, e Áurea Carolina, por Minas Gerais, teremos um pequeno quilombo no Congresso. Que vai se expandir. Porque estamos vivas. E fortes. Foi expressiva, aliás, a votação de mulheres negras. Érica Malunguinho, mulher trans preta, que pariu a Aparelha Luzia, eleita deputada estadual por São Paulo. Leci Brandão reeleita. No Rio, também na assembleia estadual, três assessoras de Marielle Franco serão diplomadas deputadas: Mônica Francisco, Renata Souza e Daniela Monteiro. O jogo está virando. E sempre soubemos que não seria de um dia para o outro.

O Executivo foi como o previsto. Trabalho árduo antes do segundo turno. Mas vai dar. "Vai mesmo?" Até a apuração das urnas dia 28 de outubro preciso ter certeza de que vai dar. Tenta dormir. Canta parabéns de oito anos pro Pedro, com uvas, tomates e bolo de chocolate, na escola. Tenta arrumar a mala. A feira de Frankfurt é a mais importante do mundo. E mesmo que não fosse. Compromisso. Não há como não ir. "É tarefa: cumpre", bateu o amigo que cumprira sua tarefa de candidato a deputado federal com altivez. Coloca todas as roupas na cama e olha. Responde mensagens. Telefonemas.

Chega uma amiga, entende tudo, coloca as roupas na mala e reafirma a importância da tarefa. Ela, com um quimioterápico por dia, também está cumprindo a dela.

Como sair do Brasil neste momento? Com tanto a fazer antes do segundo turno? Com tanta ferida a lamber, avaliação a fazer, tática a planejar? Choro na despedida. Choro no táxi e no avião. #EleNão. Lê as notícias do Brasil ainda no aeroporto. Assume o compromisso de parar de chorar quando entrar no metrô. Enrola por uma hora observando bagagens e esteiras. Precisa mesmo levantar. É tarefa: cumpre. Adapta a fala preparada. Além de Esperança Garcia, que escreveu no Brasil do século 18, tem Mestre Moa. Doze facadas nas costas por ter declarado voto em Haddad. Manda mensagem pra Mestra Janja, pra Regina Lúcia, pra Nega Duda. Fale mesmo sobre Mestre Moa, referência para o movimento negro e a cultura popular, nosso griô. Assassinado pelo fascismo que cresce. Setenta anos da Declaração Universal dos Direitos Humanos, setenta anos da Feira do Livro de Frankfurt.

O neofascismo cresce em todo lugar, inclusive na Alemanha. E a maior feira do livro do mundo faz a campanha "I'm on the same page". Afinal, a defesa dos direitos humanos é pressuposto para que ideias possam ser disseminadas. Só há publicação de livros, sem restrições, onde há direitos humanos. Em adesivos colados no corpo de autoras e editores, cartazes e outdoors espalhados pela cidade: "I'm on the same page". E eu? Estou em que página?

No painel "Diverse Voices: Female Authors from Latin America", do qual participei com a argentina Gabriela Cabezón, a uruguaia Mercedes Rosende e mediação da alemã Silke Kleemann, pude falar um pouco do que está em risco no Brasil. Ativismo. Ser mulher. Ser negra. "E ser mulher é algo intrínseco à sua escrita? Ou a literatura transcende o feminino?" Risos. Escrevo com três crianças brincando ao redor. Como poderia esquecer de que sou mulher? E se tenho a ousadia de descer para o parquinho do prédio com o computador, na tentativa de distrair as crianças para me concentrar melhor, alguém verbaliza o que os olhares com frequência insinuam: "Em que apartamento você trabalha?". Deve ser mesmo ótimo não pensar seu lugar no mundo e deixar a escrita fluir.

Cópias da Declaração dos Direitos Humanos distribuídas em inglês e alemão. É 2018 e mesmo com tudo o que vejo ao redor custo a acreditar que seja necessário fazer essa defesa ostensiva de direitos básicos. O que fizemos de tão errado? O que deixamos de fazer? A presença de Chimamanda Adichie na feira refresca a memória. "A história dos direitos humanos não é feita só da opressão do Estado, mas das narrativas pessoais, íntimas e coletivas a um mesmo momento", afirmou na conferência de abertura. Não há história única, não é isso? É necessário ouvir e escrever as diferentes versões da mesma história. Eu saí da Cohab da Vila Sabrina e estou em Frankfurt, conheço bem essa versão. Mas e quem continua lá?

O que está acontecendo no Brasil é grave. Força. #EleNão. Se precisarem de qualquer ajuda podem escrever. De que ajuda falam? Ainda mais quando milhares de pessoas saem às ruas de toda a Alemanha para se manifestar contra o crescimento da extrema-direita. Do que estão falando exatamente? "Kein Platz für Rassismus!" na faixa carregada por meninas loiras, observadas de longe por mulheres escuras cobertas por véus. Do que estão falando?

Mesa na Goethe-Universität, onde nasceu a Escola de Frankfurt, de onde Adorno, Benjamin e Horkheimer precisaram sair com a eleição de Hitler. Leio com João Paulo Cuenca e Geovani Martins nosso manifesto de denúncia da ascensão do fascismo no Brasil.

*Frankfurt, 12 de outubro de 2018.*

*Nós, abaixo assinados, escritora e escritores brasileiros representantes do Brasil na Feira do Livro de Frankfurt de 2018, pautados na defesa da liberdade de expressão e dos direitos humanos: 1- Repudiamos a escalada fascista no Brasil e alertamos para a eleição iminente de um candidato racista, machista, homofóbico, apologista da tortura e que advoga pelo extermínio de ativistas e das minorias; 2- Lembramos que, se o candidato é fascista, a maior parte de seus eleitores não é. O desencanto pela política os levou a um voto de protesto com consequências desastrosas. Ainda há tempo de rever o próprio voto antes do segundo turno eleitoral, colocando o respeito às diferenças e à liberdade acima de disputas partidárias; 3- Rogamos pela criação de ampla frente democrática antifascista que nos livre do pior. A Constituição de 1988 está em risco, assim como a vida de mulheres, LGBTs, negras, negros e ativistas que têm sofrido agressões por todo o país.*

Em vez de aproveitar a oportunidade para falar de literatura e promover sua escrita, escolheu falar de política. É preciso mesmo explicar que não tem literatura no fascismo. #EleNão. Mas o que a gente faz agora? Qual nosso papel nisso tudo? Ah! Kalaf. Obrigada.

# As bases de uma consciência preta

Publicado na revista *Cult*, em 7/12/2018

Voo 1055 com destino a Congonhas cancelado. Por entre os gritos e risos da classe média barulhenta, sigo na leitura de Steve Biko. Eu faria isso no avião, ou em casa ou no hotel. Tudo bem fazer no aeroporto. Na verdade, pode ser que eu dormisse no avião. Em casa seria interrompida, certamente. Melhor o aeroporto. "O papel do branco liberal na história do preto na África do Sul é bem curioso. A maioria das organizações pretas estava sob a direção de brancos. Fiéis à sua imagem, os brancos liberais sempre sabiam o que era bom para os pretos e diziam isso a eles. O mais incrível é o fato de os pretos terem acreditado neles durante tanto tempo." Teria Biko ouvido sobre o intelectual branco da Zona Oeste paulistana querendo fazer trabalho de base nas periferias? Exu! De quem a flecha atirada hoje acerta ontem o bicho.

Meia para aquecer os pés, mesmo ficando ridículo com a Melissa, mas estou confortável. A caixa de Bis que comprei para a praia e sobrou na bolsa pelo tanto de biscoito Globo e mate que botei para dentro foi boa companhia. Biko escrevia ao voltar de suas excursões pelas universidades sul-africanas. Por que não escrevi depois da viagem a Madri e Zaragoza? Tomei notas, pensei em fazer relatório para as companheiras, mas fui tragada. Abre o computador na fila da remarcação do voo mesmo. Menos ridículo escrever apoiada no carrinho de bagagem que as conversas dessa gente raivosa na fila. Tive um sonho essa noite. Com a escritora Cidinha da Silva e a deputada eleita Áurea Carolina. Elas ensinavam coisas para mulheres. Era um restaurante? Não lembro o que falavam, mas era importante. Atenção ao que publicam essas duas. Na noite anterior havia tido um outro sonho. E está divertido escrever freneticamente assim, de pé, no aeroporto, apoiada no carrinho de bagagem. A moça de trás tenta ler. A mala de mão chique que ganhei como recompensa por ser jurada em prêmio de educação vai com as roupas. A mala de lona que veio dobradinha na mala de mão agora volta cheia de macumba que comprei no Mercadão de Madureira.

Além do cigarro de palha do caboclo, do fumo cheiroso da preta velha, todas as ervas para banho recomendadas por Mãe Celina de Xangô durante o Festival Mulheres do Mundo (wow), que aconteceu no Rio entre 16 e 18 de novembro. Vence tudo, alecrim, manjericão, eucalipto, macaça, colônia, levante. O axé das ervas vai ajudar na proteção ainda mais necessária destes tempos. Macerar bem as folhas em água fria, coar e usar um pouco por dia. Três, sete, catorze ou 21 dias consecutivos. Diluir um tanto e jogar no corpo todo, a partir da cabeça. Eu mesma pretendo tomar esse banho de cheiro por mais tempo. Até, pelo menos, o 1º de janeiro. Seja para o que for, precisaremos estar protegidas.

A oficina "O poder das ervas", de Mãe Celina, foi uma das cerca de 150 atividades realizadas na praça Mauá, região portuária do Rio, durante o festival. Mulheres de diversas idades, cabelos, tons de pele e origens sociais partilhavam saberes e experiências nas salas do Museu de Arte do Rio (MAR), do Museu do Amanhã, do Armazém 1 e da própria praça. Além das oficinas, rodas de conversa, palestras e shows de que participei, as trocas informais permitiram aprendizado e nutrição para a vida. Não é sempre que a gente se hospeda no quarto ao lado de Conceição Evaristo, toma café da manhã com Sueli Carneiro ou Nalu Faria, senta na van ao lado de Sandra Quilombola, assiste Elza Soares passando o som no meio de uma praça vazia. E ainda ganha uma tarde de praia e afeto com Carol Rocha. Objetivo de renovar energias alcançado. Apesar dos fantasmas.

Em um dos sonhos noturnos, eu dirigia um carro, minha filha Cecília estava no banco de trás. Talvez os meninos também estivessem. Vem um homem com um revólver na mão, abro o vidro, ele anuncia o assalto. Eu sei que o tiro não vai sair. Respondo, calmamente, que não vou entregar nada. Todo mundo está cansado de saber que precisa entregar tudo. Ciça, tão calma quanto eu, me pergunta o que está acontecendo. Viro para responder a ela sobre a tentativa de assalto, mas que está tudo bem. Sou interrompida pelos disparos. Susto do assaltante. Ele aperta o gatilho e da arma só sai barulho. Eu sabia. Vou explicar para ele que sabia. Mas acordo? É o que me lembro do sonho. Da minha tranquilidade, da tranquilidade da Ciça e do espanto do moço de quem a arma não funciona.

Acabado o festival, visita à Maré. Território de dezesseis favelas tantas vezes chamado de complexo. Mas aprendi por lá que #marécomplexo é também #marésimples. Tem porta de casa lotada de vasos de plantas, assim como no território de onde venho. Lojas que vendem de tudo. Placas de vende-se nas casas. Moto subindo e descendo. Bastante gente indo ou vindo. Meninos com fuzil nas costas ou pesando coca no meio da rua. Meninos mesmo, no máximo catorze anos. Igrejas evangélicas. Escolas. ONGs enxugando gelo na tentativa genuína de transformar aquela realidade. Vejo tudo e sinto Marielle, cria daquela favela.

Somente em 2017 aconteceram 41 operações policiais por lá. E operação policial não é visita preventiva, vocês devem saber. É carro blindado, armamento pesado, jovens fardados, pagos pelo Estado para torturar e matar. Quarenta e duas pessoas morreram em confrontos armados, uma a cada nove dias, em média. Cinquenta e sete pessoas feridas: 41 em operações policiais, dezesseis entre grupos armados. Nos dias em que o Estado chega para matar, deixa de oferecer serviços básicos. Quarenta e cinco dias de atividades suspensas nos postos de saúde e 35 dias com as escolas fechadas. Isso significa que uma criança da Maré, ao final de nove anos de ensino fundamental, passa mais ou menos um ano e meio sem aula. Não é desesperador pensar nesses dados? Imagina vivê-los. Por anos e anos e anos. Inclusive nos governos que defendemos. É mesmo tão difícil compreender o voto de pretos e pobres em Bolsonaro?

"Portanto, enquanto os pretos estiverem sofrendo de um complexo de inferioridade — consequência de trezentos anos de deliberada opressão, desprezo e escárnio —, são inúteis como construtores de uma sociedade normal na qual a pessoa não seja nada mais do que um ser humano para o seu próprio bem. Assim, como prelúdio ao que possa vir em seguida, é necessário estabelecer nas bases de uma Consciência Preta tão forte que os pretos possam aprender e se autoafirmar e a reivindicar os seus justos direitos", grafou Biko no conhecido "Alma preta em pele branca?". Como incentivar essa tomada de consciência? E se ela for tão intensa, crescente e certeira que permita eleger vereadora, 46 anos depois de o texto escrito, uma favelada da Maré com consciência preta? No Brasil, país sem lei de segregação racial como as da África do Sul, essa mulher negra pôde levar quatro tiros na cara. E oito meses depois, ainda não saberemos quem matou Marielle Franco.

Para todas as pessoas, especialmente às mulheres que choram nestes dias, o poema preferido da vida. Marielle Franco presente!

*A voz de minha bisavó
ecoou criança
nos porões do navio.
Ecoou lamentos
de uma infância perdida.*

*A voz de minha avó
ecoou obediência
aos brancos-donos de tudo.*

*A voz de minha mãe
ecoou baixinho revolta
no fundo das cozinhas alheias
debaixo das trouxas
roupagens sujas dos brancos
pelo caminho empoeirado
rumo à favela.*

*A minha voz ainda
ecoa versos perplexos
com rimas de sangue
e
fome.*

*A voz de minha filha
recorre todas as nossas vozes
recolhe em si
as vozes mudas caladas
engasgadas nas gargantas.*

*A voz de minha filha*
*recolhe em si*
*a fala e o ato.*
*O ontem — o hoje — o agora.*
*Na voz de minha filha*
*se fará ouvir a ressonância*
*O eco da vida-liberdade.*

Conceição Evaristo, "Vozes-mulheres"

P.S.: Em 13 maio de 2016, durante o I Seminário de Feminismo do IESP-UERJ, conheci Marielle Franco. Depois de minha participação na mesa sobre produção e circulação do conhecimento, Marielle levantou a mão e reforçou a importância de nós, mulheres negras, ocuparmos aquele espaço e todos os outros. Ela disse que tinha acabado de comprar a revista *Cult* daquele mês, com a entrevista que fiz com Eliane Dias, minha primeira contribuição aqui. "Ocupe mesmo! E leve muitas pretas para as páginas da revista", ela convocou. De novo, e sempre: Marielle presente!

2019

# Nosso trono não será usurpado

Publicado na revista *Cult*, em 11/2/2019

*Em 2019, Donata Meirelles, diretora da* Vogue Brasil, *comemorou seu aniversário na Bahia. O evento foi ambientado com cadeiras de vime, que são insígnias de poder nas liturgias do candomblé, e mulheres negras que trajavam a indumentária das baianas do acarajé. Como parte dos serviços de entretenimento oferecidos ao longo da festa, os convidados podiam posar para fotos nessas cadeiras rituais, acompanhados dessas mulheres negras com roupas tradicionais da cultura afro-brasileira. O uso desse símbolo de poder das devoções afro-brasileiras como item de recreação pela classe média alta e branca repercutiu à época, nas mídias e redes sociais, como uma manifestação do racismo brasileiro.*

Ao redor de bancos simples de madeira ou imponentes cadeiras de vime — tronos de mães de santo —, foram estruturadas famílias que ofereceram proteção espiritual e articularam táticas materiais para que nossas ancestrais seguissem vivas. O poder negado pelo Estado às soberanas negras foi reverenciado no candomblé. Há fotografias belíssimas dos tronos de Mãe Andresa, na Casa das Minas; Mãe Senhora, no Ilê Axé Opô Afonjá; Mãe Beata de Yemanjá, no documentário *O fio da memória*, de Eduardo Coutinho. Obrigada, Alex Ratts, por compartilhar referências. A cadeira-trono da tal festa é ícone do poder preto desde os Panteras Negras. E é muitíssimo bem empregada em cenas de Elza Soares, Mãe Hilda Jitolu, do Ilê Aiyê, no curta *Kbela*, de Yasmin Thayná. Como escreveu o antropólogo Hélio Menezes, curador da recente exposição "Histórias Afro-atlânticas": "O símbolo é forte demais, negro demais, ancestral demais para ser profanado por sinhazinha moderna, socialite-diretora descafeinada de revista de moda". Assino embaixo. Demonstrar-se racista é parte de uma estratégia consciente por visibilidade? Ou é tão insuportável conviver com pessoas pretas em posições diversas que vale encenar, em 2019, uma alegoria do Brasil Colônia escravocrata? Deboche da luta antirracista, que, finalmente, não é mais possível ignorar? Reafirmação de quem é quem no país que mantém a mesma estrutura social 130 anos depois da abolição? As perguntas nos servem como tentativa de elaborar o absurdo. Mas pouco importam as respostas. Porque a mim, e imagino que à maior parte da sociedade brasileira, não interessam as intenções de uma mulher branca rica ao organizar seu aniversário de cinquenta anos de idade. Mas muito interessa a mim e a quem trava a luta antirracista que nossos símbolos não sejam usurpados. E que seja considerado inaceitável o elogio a um crime hediondo sem proporções na história da humanidade.

A imagem de mulheres pretas vestidas como mucamas a serviço da sinhá remete a sequestros, aos navios negreiros, aos estupros dos senhores, ao trabalho forçado, à tortura, às humilhações de diversas ordens. Além dos inúmeros estudos da historiografia, há notícias de jornais de época ilustrativos. E há a riqueza de detalhes da literatura. No romance *Um defeito de cor*, de Ana Maria Gonçalves, a personagem Kehinde prefere a brutalidade das plantações e dos capitães do mato à proximidade com a casa-grande e a crueldade dos brancos, vivenciada por quem era feito escravo doméstico. Sinhá Ana Felipa arrancara os olhos da negra Verenciana por ciúmes do marido. Toda essa carga é atualizada a cada reprodução da imagem da preta servil.

Abro parênteses e peço perdão por retomar o exemplo recorrente. É que quando as vítimas são pessoas brancas, cuja humanidade não precisa ser defendida a todo momento, parece mais fácil a compreensão. Quem julgaria admissível uma festa de aniversário que reproduzisse imagens de campos de concentração? Não é tolerável que se brinque com o Holocausto, independentemente das motivações de quem pudesse ter a brilhante ideia de ambientar uma festa reproduzindo imagens de Auschwitz. Assim, é necessário argumentar o óbvio: não é aceitável que cenas da escravização de seres humanos sejam exaltadas, independentemente das intenções de quem teve a brilhante ideia. Neste ponto, me embrulha o estômago lembrar a quantidade de pessoas que toma seu cafezinho apreciando a cena de uma colheita realizada por pessoas escravizadas, no imenso painel que decora um café na galeria do Edifício Copan, cartão-postal de São Paulo.

A ferida da escravidão segue aberta. Porque a estrutura racista da sociedade brasileira permanece e as discriminações racistas não nos dão trégua. Em *Kindred: Laços de sangue*, romance de Octavia E. Butler, a personagem Dana desmaia nos Estados Unidos de 1970 e desperta no século 19, no sul do país, em uma fazenda escravista. Se o mesmo acontecesse com alguma de nós no Brasil de 2019, é provável que a paisagem, vestimentas, indumentárias do século 19 fossem outras. Mas pessoas com os mesmos tons de pele e origem social estariam na mendicância, no trabalho braçal, nos cuidados domésticos, nos presídios, mas também nos parlamentos, à frente de grandes negócios, beneficiando-se das estruturas racistas. O tempo passou, mas o Estado brasileiro segue como instrumento das elites brancas para que o poder e a riqueza sigam com os mesmos. E os deslocamentos conquistados com muita luta provocam reações das mais diversas. Até alegorias escravocratas em festas de aniversário. A reação ao absurdo dessa imagem é um aviso. Nosso trono de vime não será usurpado. E exigimos assento em outros espaços também.

# Um chamado aos brancos

Publicado na revista *Cult*, em 8/3/2019

No supermercado Extra, um segurança estrangulou Pedro Gonzaga, de dezenove anos, até a morte. Eu não estava lá, as imagens em vídeo são muito limitadas e não é possível compreender a cena toda. Ainda assim, cabe perguntar: por que ninguém pulou sobre um dos seguranças que isolavam a ação? Por que ninguém jogou nada na cabeça do assassino, na tentativa de obrigá-lo a soltar o garoto? Jovens negros que, em 2016, eram executados a cada 23 minutos vão morrer em intervalo ainda menor se não tomarmos para nós a tarefa de protegê-los. Assim como as empresas privadas de segurança, o Estado não os defende. O Estado é quem mais mata.

Em 1966, nos Estados Unidos, um grupo cansado de lamentar assassinatos de negras e negros decidiu patrulhar os guetos para proteger a população da violência policial. Armados legalmente, seguiam viaturas policiais e desciam dos carros para acompanhar as abordagens. O objetivo não era atacar. Era proteger, assim como as panteras negras que só atacam humanos em caso de ameaça. O Partido dos Panteras Negras para Autodefesa, conhecido como Partido dos Panteras Negras, chegou a ter 2 mil membros.

Como podemos, no Brasil de 2019, nos inspirar nos Panteras Negras em defesa de nossos jovens? Sem armas de fogo, com organização e compromisso, conseguimos coibir a violência policial e das empresas privadas para que negras e negros possam viver? Corpos negros, mais vulneráveis, não precisam estar à frente, em autodefesa. Talvez esta seja uma boa oportunidade para brancas e brancos na luta antirracista: colocar a imagem de ser humano digno de respeito e de direitos a serviço de quem tem sua humanidade negada. Colocar o próprio corpo na frente. Atender aos chamados do movimento negro, não como protagonistas da luta dizendo o que precisa ser feito ou como, mas ouvindo, aprendendo, assumindo tarefas e responsabilidades que possam ser coletivamente atribuídas.

Quando uma denúncia de racismo explode, é comum a comoção de pessoas brancas de esquerda, demandando saber como combater o racismo em si e no entorno. Mas quando outro dos nossos jovens é assassinado e o movimento negro convoca um ato, raras vezes encontramos alguma dessas pessoas ao nosso lado nas ruas. Nos encher de perguntas, pedidos de referências e de revisão de textos quando você julga pertinente, no seu tempo, pode nos colocar, mais uma vez, no lugar de servir a que todos estamos acostumados. Que tal assumir uma postura antirracista desde este momento? Há muitos livros, artigos acadêmicos e textos de jornal e revista disponíveis, além de cursos, palestras e seminários divulgados com frequência. Com um pouco de dedicação, é possível aprender muito sobre relações raciais no Brasil e a luta antirracista sem importunar nenhuma pessoa negra com demandas indevidas.

Recomendo fortemente a leitura de autoras e autores negros. Sueli Carneiro. Lélia Gonzalez. Abdias Nascimento. bell hooks. Angela Davis. Franz Fanon. Não me pergunte por qual texto começar, por favor. E para compreender que branco também pode ser visto a partir de uma perspectiva racial e aprender sobre branquitude, recomendo o livro de Lia Vainer Schucman: *Entre o encardido, o branco e o branquíssimo: Branquitude, hierarquia e poder na cidade de São Paulo*, adaptação de sua tese de doutorado, publicado pela Annablume, em 2014.

Quem quiser dar um passo para dentro, ir além dos discursos teóricos e militantes para olhar para si, sem medo de se perceber racista, recomendo inspirar-se no texto "Quando me descobri racista", de Debora Pivotto, minha amiga desde a faculdade de jornalismo. Generosamente, ela cita o processo de me descobrir negra como uma das motivações para que ela mesma se olhasse com coragem e verdade. "Sempre tive muito orgulho de ver não só a Bianca, mas tantas mulheres que, nos últimos anos, se assumiram negras. Soltaram seus cabelos e suas vozes. É realmente lindo de ver. Mas, de uns tempos pra cá, tenho olhado mais para mim e entrado em contato com o meu próprio processo diante de toda essa transformação. E tenho lidado com algo bem complexo e profundo que é deixar de ser racista."

Crie referências! Além das leituras, veja cinema pensado por pessoas negras. Vá a médicas, dentistas, terapeutas negras. Eduque seu olhar para que nem todas as pessoas com o mesmo tom de pele pareçam a mesma pessoa. Perdi a conta da quantidade de fotos minhas que já me enviaram em que não apareço. Concordo que não seja um problema grave. Mas é imensa a quantidade de mulheres e homens negros presos, condenados injustamente, por crimes que não cometeram, porque foram reconhecidos por testemunhas que achavam todos muito parecidos.

Para citar apenas um caso, a modelo Bárbara Querino, de vinte anos, foi condenada a cinco anos e quatro meses de prisão por um assalto realizado em São Paulo, capital, em uma noite em que trabalhava no Guarujá. O irmão de Bárbara, acusado de outro roubo, foi levado para a delegacia. Mesmo sem qualquer envolvimento com a denúncia, Bárbara também foi levada e fotografada pelos policiais segurando um cartaz com seu nome completo, RG e data de nascimento. A imagem passou a circular ilegalmente pelo Facebook e em grupos de WhatsApp. Um casal, cujo carro havia sido roubado, recebeu a imagem no grupo do prédio onde são vizinhos de um delegado de polícia, e foi à delegacia declarar que haviam reconhecido os ladrões por fotografias, e dentre eles estava Bárbara. Seus cabelos pretos crespos e longos, sua pele parda não deixavam dúvidas, segundo as vítimas, de que ela havia participado do assalto. Bárbara está presa desde 15 de janeiro de 2018.[*]

Casos como o de Bárbara são, infelizmente, comuns no Brasil e em outras sociedades racistas. Em 1974, James Baldwin publicou o romance *Se a rua Beale falasse*, traduzido no Brasil pela Companhia das Letras em 2019, quando foi lançado o filme de Barry Jenkins com o mesmo título. Na obra, Tish narra sua história de amor com Fonny, preso depois de ser reconhecido em uma fila de homens negros pela vítima de um crime hediondo que nunca cometeu.

Talvez dê para ligar os pontos e compreender por que importa tanto que pessoas negras sejam retratadas pelo cinema, a televisão, a publicidade sem a reprodução de estereótipos racistas. Precisamos ser vistas em nossa individualidade, com a nossa complexidade. Como seres humanos. Pessoas que não são, o tempo todo, confundidas com quem ocupa posição subalterna ou com quem comete crime. Humanos que não podem ser estrangulados até a morte em um supermercado.

---

[*] Bárbara Querino foi solta em 10 de setembro de 2019 e inocentada em 13 de maio de 2020. (N.E.)

# Tula Pilar

Publicado na revista *Cult*, em 3/6/2019

Caminho pela cidade
Caminho pelo mundo
Buscando meus desejos...
Estive aqui
Estive lá
Estou junto de mim!
Volto na infância
Onde os pés libertaram-me
Pelos campos de terra vermelha das Minas Gerais
Corri para brincar de pique-esconde
Pular corda, amarelinha
— Joga bola!
— Olha a pipa no céu junto com o arco-íris!
— Choveu!

A água da chuva na enxurrada...
Nossa roupa cheia de barro!

— Xiii! A mãe vai bater na gente!
— Vamos lavar na cachoeira!
— Não! Lava na lagoa!
— Na água do rio!

— Bate os pés! Nada rápido, senão afunda!
— Está de noite, vamos pra casa?!
— A mãe vai chegar!
— Tia, acenda a lamparina!
— Machucou o pé de novo, menina!

Pés com eternas marcas de infância
Dormem para descansar...
Acordam cedo para trabalhar
Caminham para o Centro da cidade
Os pés me levam para onde quero ir...
Para onde posso sonhar!

Tula Pilar, "Os pés me levam para meus sonhos"

As copas de árvores e a imensidão do céu aberto ajudaram a transformar o terraço da Biblioteca Mário de Andrade, no centro de São Paulo, em terreiro de ancestralidade. A luz amarela nas roupas coloridas e cabelos crespos permitiam ver naquela roda, de mais de quatrocentas pessoas, a nutrição das trocas significativas. Arruda, manjericão, alecrim. Rosas brancas e vermelhas. Girassóis. Acarajé, espumante. Tambor. E a voz de Nega Duda. Para celebrar a escrita de mulheres negras.

Vinte, das 26 autoras, contaram um pouco do que escreveram para a coletânea *Inovação ancestral de mulheres negras: Táticas e políticas do cotidiano*, por mim organizada, editada por Maitê Freitas. Outras cinco não puderam estar em São Paulo naquele 30 de abril. E Tula Pilar, do Orum, era homenageada na presença de sua filha Samantha, seu filho Pedro Lucas e na leitura de seus poemas e prosa.

Contei de quando nos conhecemos, eu, estudante de jornalismo com menos de vinte anos, voluntária da revista *Ocas*; Pilar, que se tornara, havia pouco, vendedora da revista, fonte de renda para pessoas em situação de rua ou extrema vulnerabilidade social. A mulher de pele bem preta, com idade em torno dos 35 anos que tenho hoje, pouco falava. De ombros fechados e olhar baixo, sorria com timidez e contava orgulhosa de seus três filhos, Dandara ainda era bebê. Os anos a levaram a saraus e a convidaram à escrita. A literatura abriu seus ombros, levantou seu olhar e a fez escritora, poeta e atriz. A potência dos saraus periféricos forjou a artista Tula Pilar, tão amada e conhecida. Merecedora de um cortejo de berimbaus e uma multidão vestida de branco em seu enterro.

Como escrevi em minha coluna de maio de 2019, depois de algumas visitas de emergência ao hospital, onde recebia inalação e a orientação de voltar para casa, teve uma parada cardíaca, aos 49 anos de idade. Como seria se fosse branca? Se tivessem sido solicitados exames? Jamais saberemos. Sabemos que com Tula foi exatamente como é com tantas mulheres negras, todas com expectativa de vida cinco anos menor que a das mulheres brancas. Mais um dado do nosso racismo, denunciado por ela, apesar da constante alegria. "Eu sou uma Carolina", performava com o lenço na cabeça e o sorriso escancarado. "Eu sou uma Carolina."

Um dia antes da morte de Tula, Maitê enviara à gráfica o primeiro livro publicado pela editora Oralituras, que tem o objetivo de lançar autoras negras e indígenas. Dentre os 26 textos em primeira pessoa, ganha outros significados "Frango verde: Alimentando-me do lixão", em que Tula Pilar conta da experiência de fome na infância. O relato termina com a escritora desejando nunca mais trabalhar como empregada doméstica outra vez, conquistando, pela venda de seus livros e de suas apresentações, o dinheiro necessário a uma vida sem humilhações. Lembro-me da resposta do premiado escritor Geovani Martins à pergunta do que havia mudado na vida dele depois de publicar um livro. "Engordei pelo menos dez quilos." Além de toda a grandiosa subjetividade que a publicação de um livro traz às escritoras e aos escritores, com os ganhos de direito autoral Geovani pôde se alimentar melhor. E Tula pôde sonhar não precisar mais limpar a casa alheia. Seria exagero meu ver mais potência na escrita de mulheres e homens negros?

Convidada a ser curadora da sétima edição do Festival Literário de Iguape (FLI), que acontece entre 7 e 8 de junho, fiquei obviamente angustiada para compor uma programação interessante. Em parceria com a equipe do Instituto de Apoio à Cultura, à Língua e à Literatura (Poiesis), desenhamos a breve programação de uma noite e um dia: um autor indígena: Timóteo Verá Tupã Popygua; sete autores não negros, Deborah Dornellas, Marcelino Freire, Angélica Freitas, Eda Nagayama, Renan Inquérito, Geruza Zelnys e Laura Bacellar; e treze autores negros: Conceição Evaristo, Zezé Motta, Maria Mazzarello, Ana Maria Gonçalves, Cidinha da Silva, Nega Duda, Mel Duarte, Geovani Martins, Russo Passapusso, Deivid Domênico, Júlio César da Costa, Islene Motta e Luciana Bento. Sem contar os shows de Luedji Luna, Nega Duda e Nação Zumbi. Em tempos de evento de poesia contemporânea sem nenhum poeta negro, a proporção me parece adequada.

Sob o tema "futuro, lugar e memória", a escrevivência do Vale do Ribeira vai se encontrar com a produzida fora dali. Conhecida como a região mais pobre do estado de São Paulo, o Vale é abundante em povos tradicionais — há inúmeras comunidades indígenas, quilombolas e caiçaras — em matas preservadas, águas, construções coloniais, livros. Alquimia de resistências tão mal interpretadas por olhares colonizados que medem riqueza com indicadores desconectados da vida.

Ou por presidente da República que afirmou, ainda em campanha, que não demarcaria mais nenhum centímetro de terra como reserva indígena ou quilombola. Em discurso no Clube Hebraica, no Rio de Janeiro, contou da visita que fez a um quilombo em Eldorado, no Vale do Ribeira, a cerca de oitenta quilômetros de distância de Iguape. "O afrodescendente mais leve lá pesava sete arrobas. Não fazem nada. Eu acho que nem para procriador ele serve mais. Mais de 1 bilhão de reais por ano é gasto com eles", afirmou Jair Bolsonaro, que viveu em Eldorado dos onze aos dezoito anos de idade e ainda tem familiares na região. A declaração criminosa do então candidato não o impediu de seguir em campanha, vociferando seu racismo. Já eleito, afirma que racismo é fato raro no Brasil, enquanto se dedica a estruturar políticas de morte. O projeto de extermínio que o Estado tenta mascarar há 131 anos encontrou, enfim, um executor que o escancara em decretos, projetos de lei, desmontes de políticas, tweets, discursos.

Mas a literatura que abriu os ombros e levantou o olhar de Tula Pilar pode nos erguer em defesa da vida e de direitos. Especialmente as histórias para ninar gente grande, como trouxe o samba-enredo da Mangueira, que nos possibilitam ouvir vozes outrora silenciadas e conhecer mais perspectivas de quem somos. O lugar de passado de Bolsonaro pode ser o ponto da alquimia do futuro de todas e todos nós.

# Cova no quintal

Publicado na revista *Cult*, em 3/7/2019

Em 27 de julho de 2019, se não tivesse sido assassinada, Marielle Franco completaria quarenta anos de idade. Além dela, entre janeiro e julho de 2018, 58 defensoras e defensores de direitos humanos foram mortos no Brasil. Em 2017, foram 71. A situação é ainda mais grave no campo. De 2016 a 2017, houve um aumento de 350% nos assassinatos de quilombolas. "Mas nós continuamos defendendo nossos territórios, nossas comunidades. Botamos a cara para alertar nosso povo a não vender a terra, que é patrimônio ancestral", afirma Sandra Braga, liderança do Quilombo Mesquita, em Goiás, e membro da coordenação executiva da Coordenação Nacional de Articulação das Comunidades Negras Rurais Quilombolas (Conaq). "Não podemos abrir mão do espaço sagrado onde vivemos em favor do capitalismo e de um modelo de desenvolvimento que não beneficia o nosso povo." Há cerca de quatro anos, a mãe de Sandra encontrou uma cova no quintal de sua casa. Era a ameaça mais concreta, furada na terra, que a quilombola recebia. A luta coletiva de sua comunidade, corporificada em lideranças como ela, tem sido atacada de muitas formas. Alguns quilombolas têm sido cooptados a defender a venda de terrenos a fazendeiros, empresas e empreendimentos imobiliários. E outros têm sido alvo de bala.

O primeiro registro do Quilombo Mesquita, formado atualmente por quase oitocentas famílias, é de 1746. A localização, a cinquenta quilômetros de Brasília, e as muitas nascentes de água têm atraído a especulação imobiliária que envolve uma das empresas de José Sarney.

Mais de 6 mil quilombos estão em luta para preservar seus territórios, por acesso à terra, à água, à moradia, à educação e à proteção a defensores e defensoras de direitos humanos. No último mês de abril, a Conaq — na figura de Sandra Braga, Danilo Serejo, da cidade de Alcântara, no Maranhão, e Sandra Silva, do Quilombo Carrapatos da Tabatinga, Minas Gerais —, estiveram na Jamaica com outros onze representantes do movimento negro brasileiro para denunciar o pacote genocida, chamado anticrime, de Sergio Moro.

Dentre as demandas apresentadas à Comissão Interamericana de Direitos Humanos, protocolaram a exigência de que o Estado brasileiro "atue de forma coordenada para intervir em situações de violências ocorridas em comunidades quilombolas, em especial as que atentem contra a vida, agindo de forma a prevenir as violações e, quando ocorram, para investigar, processar e responsabilizar mandantes e executores de ações violentas".

Sandra Braga, aos 51 anos, "filha e neta do quilombo", como gosta de dizer, conta que sofre ameaças desde 2009. Por defender que a terra pertence à sua comunidade e às futuras gerações, ouve os relatos de colegas alertados a não andarem com ela porque "sua cabeça vai rolar". Em 2010, Sandra enfrentou uma campanha de difamação de jornais locais, depois de acionar o Ministério Público contra uma fazenda que planejava desmatar 84 hectares de cerrado, pertencentes ao território do quilombo. Conseguiram barrar o desmatamento de cinquenta hectares. "Queriam construir um condomínio na região. Barramos e vieram com tudo para cima de mim e de outras lideranças", conta Sandra. "Mas a gente não pode parar a vida."

A vitória da comunidade se repetiu em 2018, quando o Instituto Nacional de Colonização e Reforma Agrária (Incra) publicou uma resolução que aprovava a redução do território do quilombo em mais de 80%. A luta organizada constrangeu o conselho diretor do próprio Incra a revogar a decisão.

No último 11 de junho, Sandra Braga recebia representantes de sessenta entidades do movimento negro para uma reunião na sede da Conaq, em Brasília, quando Carlos Cabral, de 58 anos, presidente do Sindicato dos Trabalhadores e Trabalhadoras Rurais do município de Rio Maria, no Pará, foi assassinado com quatro tiros, um na cabeça. A média é de um defensor a cada seis dias. "Quantos mais vão precisar morrer para que essa guerra acabe?", postou Marielle Franco no Twitter, um dia antes de ser alvejada com quatro tiros na cabeça.

# Fome coletiva por nossa história escondida

Publicado na revista *Cult*, em 31/7/2019

*Memórias da plantação*, de Grada Kilomba, foi o livro mais vendido na livraria oficial da Festa Literária Internacional de Paraty, a Flip, em 2019. Não é pouca coisa celebrar, pelo segundo ano consecutivo, uma mulher negra como autora mais vendida na festa literária mais importante do país. E, além da autoria, é importante atentar para o conteúdo da publicação.

Editado pela primeira vez na Alemanha, em 2008, o livro, escrito em inglês, é fruto da tese de doutorado em filosofia de Grada, defendida na Freie Universität Berlin. Nele, são apresentadas análises de episódios de racismo cotidiano, partindo da ideia de bell hooks de que a história pode "ser interrompida, apropriada e transformada através da prática artística e literária".

Ao apresentar relatos de discriminação racial sofridos por Grada e mais duas mulheres negras que entrevistou, a autora propõe uma atualização do trauma do passado escravocrata. Assim, o racismo cotidiano teria cronologia atemporal: o presente estaria constantemente assombrado pelo passado invasivo da escravidão.

Na perspectiva de Grada, cada vez que uma vizinha ou um vizinho do prédio onde vivo faz questão de perguntar em que apartamento eu trabalho como empregada doméstica — já que não lhes parece possível que uma mulher negra seja moradora do mesmo prédio de apartamentos que eles —, atualiza-se o projeto colonial de que determinados lugares não são para determinadas pessoas.

Até pouco tempo atrás, era uníssona no Brasil a ideia de uma democracia racial. Um processo de negação, como Grada demonstra também na instalação *The Dictionary*, em exibição na Pinacoteca de São Paulo até 30 de setembro. Depois da negação, viriam culpa, vergonha e reconhecimento, para então ser possível a necessária reparação do que foi a escravização de pessoas negras.

Enquanto algumas pessoas, entre elas o presidente da República, seguem no processo de negação do que foi o regime escravocrata no Brasil e do racismo estruturante que vivemos, há muitas outras pessoas brancas em processo de culpa, vergonha ou reconhecimento da nossa tragédia. Não vejo a hora de falarmos seriamente sobre reparação.

Grada conta que inúmeras vezes é acusada de excesso de subjetividade, como se não produzisse teoria séria o bastante para os parâmetros da academia. Sobre isso, argumenta que qualquer forma de saber que não se enquadra na ordem eurocêntrica de conhecimento tem sido rejeitada, sob o argumento de não constituir ciência. Uma das facetas do epistemicídio de que trata Sueli Carneiro em sua tese de doutorado: "[...] o epistemicídio é, para além da anulação e desqualificação do conhecimento dos povos subjugados, um processo persistente de produção da indigência cultural: pela negação ao acesso à educação, sobretudo de qualidade; pela produção da inferiorização intelectual; pelos diferentes mecanismos de deslegitimação do negro como portador e produtor de conhecimento e de rebaixamento da capacidade cognitiva; pela carência material e/ou pelo comprometimento da autoestima pelos processos de discriminação correntes no processo educativo. Isso porque não é possível desqualificar as formas de conhecimento dos povos dominados sem desqualificá-los também, individual e coletivamente, como sujeitos cognoscentes. E, ao fazê-lo, destitui-lhes a razão, a condição para alcançar o conhecimento 'legítimo' ou 'legitimado'".

Acessar educação de qualidade, firmar uma autoestima da própria capacidade intelectual, valorizar conhecimentos variados de pessoas negras seriam, portanto, passos importantes para barrar tal epistemicídio. Para Grada — e concordo totalmente —, a escrita de mulheres negras é uma estratégia potente de descolonização. Pela escrita em si: "[...] enquanto escrevo, e me torno a narradora e a escritora da minha própria realidade, a autora e a autoridade na minha própria história. Nesse sentido, eu me torno a oposição absoluta do que o projeto colonial predeterminou". Mas também pela possibilidade de valorização e reconhecimento dessa escrita, colocando as mulheres negras como sujeitos cognoscentes, produtoras de conhecimento legítimo e legitimado. Escrever possibilitou a Grada que se opusesse ao projeto colonial: multiartista internacionalmente reconhecida, apesar de filha de trabalhadora doméstica.

*Memórias da plantação* ser o livro mais vendido da Flip coloca um tijolo importante na árdua construção de mulheres negras como produtoras de conhecimento.

## COLETIVO DE VOZES

Inspirada por Grada Kilomba, bell hooks, Sueli Carneiro e uma série de outras intelectuais negras que têm traçado um mesmo percurso coletivo de ampliação e disseminação de nossas vozes, organizei a antologia *Vozes insurgentes de mulheres negras: Do século XVII à primeira década do século XXI* (2019), publicada pela Mazza Edições e pela Fundação Rosa Luxemburgo e disponível de forma gratuita e aberta na internet. A obra inclui 24 textos de mulheres negras brasileiras: carta, trecho de romance, artigos de jornal, diários, letras de música, ensaios, artigos acadêmicos, conto, crônica, discurso, poema, entrevista. A intenção foi reunir, em um único volume, vozes de mulheres que romperam com o silenciamento que lhes foi imposto, primeiro pela condição de escravizadas, depois pelo colonialismo, pelo racismo, pelo sexismo, pelas discriminações e pela desigualdade de classes. Acredito que publicar, ler e estudar a produção intelectual dessas mulheres crie novas epistemologias, valorizando o conhecimento produzido por elas e também as valorizando, individual e coletivamente, como sujeitos de conhecimento. Uma oportunidade de adensar raízes para nos fortalecer diante do trauma da escravidão, mas também para avançar da negação e da culpa rumo ao reconhecimento e à esperada reparação.

Esperança Garcia. Maria Firmina dos Reis. Antonieta de Barros. Eunice Cunha. Maria de Lourdes Vale Nascimento. Laudelina de Campos Melo. Carolina Maria de Jesus.

Neusa Maria Pereira. Leci Brandão. Dona Ivone Lara. Lélia Gonzalez. Mãe Stella de Oxóssi. Jovelina Pérola Negra. Beatriz Nascimento. Benedita da Silva. Luiza Bairros. Elisa Lucinda. Nilma Bentes. Sueli Carneiro. Cida Bento. Jurema Werneck. Matilde Ribeiro. Cidinha da Silva. Conceição Evaristo. Mulheres que utilizaram, e utilizam, a escrita como possibilidade de serem autoras e autoridades de suas próprias vidas, mas também do pensamento social brasileiro. Oposições absolutas do que o projeto colonial predeterminou.

Mais que reconhecimento da importância desses escritos, vivemos um momento de fome coletiva por essas histórias. Que a fome crie cada vez mais oportunidades de publicação e coloque cada vez mais pessoas negras nas listas de autoras e autores mais vendidos.

Quantas mulheres negras você já leu?

# "Eles estão chegando!"

Publicado na revista *Cult*, em 2/9/2019

Eu estava em uma casa grande, bonita, com grama ao redor. Recebi o convite para uma viagem a Parati. Respondi que não era uma boa data e agradeci. Então fui informada de que o convite não era uma escolha. Viriam nos buscar — a mim, meu marido e filhos — no domingo seguinte.

Ao longo daquela semana, a polícia rondava mais e mais de perto, disseram ter encontrado maconha no nosso gramado, a tensão aumentava. No sábado, uma mulher tentou me matar, simulando um acidente, com uma espécie de punhal. Escapei. Mas quase morrer era pouca coisa diante da aflição de precisar avisar uma amiga, com quem teria uma reunião de trabalho na semana seguinte, sobre minha ida a Parati.

Telefonei a ela, contrariada, dizendo que precisava desmarcar nosso encontro. Com rispidez suficiente para que eu percebesse a gravidade da situação, ela informou: "Eles vêm buscar vocês! Eles estão chegando!".

Registrei o sonho acima, na noite de 2 de março de 2018, doze dias antes da execução de Marielle Franco. Por doze dias conversei sobre o sonho com pessoas próximas. Levei a anotação para a terapia. Sentia palpitações cada vez que recordava.

Eu havia passado a adolescência lendo sobre a ditadura militar e o nazismo. Intrigavam-me os relatos de pessoas que antecipavam o fechamento do cerco, aquelas e aqueles que saíram de Varsóvia antes dos guetos, da Alemanha antes do registro de judeus, do Brasil antes das prisões e torturas. Como sabiam? Haveria um cheiro? Um barulho? Como aquele que Stefania, mãe da escritora ruandesa tútsi Scholastique Mukasonga, ouvia antes que os outros percebessem a chegada de soldados hutus? Desde 2016 descobri que sim, há um cheiro e também um zunido. E eles têm sido cada vez mais intensos. A cegueira para possibilidades convida a driblar o estado de alerta ativado por eles e tocamos a vida. Mas de noite, querendo ou não, muitos de nós sonham.

Entre 1933 e 1939, a jornalista alemã e judia Charlotte Beradt coletou sonhos de mais de trezentos berlinenses, desde a ascensão de Hitler até as vésperas da Segunda Guerra, quando deixou a Alemanha. No início, escondia os relatos atrás de seus livros. Depois, começou a enviá-los por carta a conhecidos em diferentes países. Em suas palavras, acreditava que os "sonhos poderiam ajudar a interpretar a estrutura de uma realidade prestes a se tornar um pesadelo".

Depois da guerra, demorou mais de vinte anos para reuni-los e organizá-los no livro *Sonhos no Terceiro Reich: Com o que sonhavam os alemães depois da ascensão de Hitler*, que foi publicado nos Estados Unidos em 1966 e será reeditado em 2022 pela editora Fósforo.

Antes que o uso de aparatos tecnológicos para espionagem fosse conhecido, as pessoas sonhavam que seus rádios e aparelhos de telefone transmitiam conversas privadas. Uma mulher que via a imagem de Hitler quando ouvia a palavra "diabo" sonha que um aparelho detecta seus pensamentos e alerta a polícia. Outra, que não falava russo, tinha sonhos em uma língua que imaginava ser russo, para que ela mesma não compreendesse o que sonhava. Um médico, que sonhara com o desaparecimento das paredes dos apartamentos por conta de um decreto do governo, sonha algumas noites depois que fica proibido ter sonhos.

Talvez fizesse sentido começar a coletar os sonhos de brasileiras e brasileiros no momento que vivemos. Talvez devesse ter começado muitos anos antes, quando a maior parte da população passou a viver em estado de terror. Entre 1997 e 2017 o número de jovens negros assassinados aumentou 429%. E foi também a partir da década de 1990 que a população carcerária passou a aumentar exponencialmente. De 90 mil pessoas presas chegamos a mais de 700 mil, um aumento de mais de 700% em menos de três décadas.

Daria para voltar a antes dos anos 1990, é evidente. Totalitarismo é uma característica da nossa história.

Paulo Freire escrevera sobre nossa inexperiência democrática. Segundo ele, nunca tivemos condições para a emergência de uma consciência popular, permeável e crítica. Em *Educação e atualidade brasileira*, de 1959, ele pergunta quando teríamos tido essa possibilidade:

"No nosso tipo de colonização, à base do grande domínio? [...] No todo-poderosíssimo dos senhores 'das terras e das gentes'? [...] Nos centros urbanos criados verticalmente, sem o pronunciamento do povo? Na escravidão? [...] Na inexistência de instituições democráticas? Na ausência de circunstâncias para o diálogo em que surgimos e em que crescemos? [...] No descaso à educação popular a que sempre fomos relegados?"

A democracia, forma de vida, antes de forma política, pressupõe participação real no exame dos problemas comuns. Mas nossa história é de soluções verticais e antidemocráticas, mesmo em nossos curtos períodos de democracia.

Pode ser que este momento de milicianos no poder seja uma continuidade do que vivemos desde sempre. Pode ser que um agravamento, de fato, se aproxime. Cerco fechado para mais pessoas. Democratização da barbárie já vivenciada por pretos pobres.

Vale colocar atenção no que sonhamos.

# Atirar para matar

Publicado na revista *Cult*, em 4/11/2019

*As Unidades de Polícia Pacificadora (UPPs) são parte de uma política pública de segurança para os morros cariocas que foi inaugurada em 2008, durante a gestão do governador Sérgio Cabral Filho (PMDB). A primeira ocupação das UPPs ocorreu no morro Dona Marta e teve como objetivos restabelecer o controle do Estado sobre o território e mediar a entrada de serviços públicos. A segunda parte do plano não chegou a ser implementada. Além disso, diversos casos de abuso de poder e desrespeito aos direitos humanos vinculados à atuação das UPPs têm sido amplamente noticiados.*

Ágatha Félix, aos oito anos de idade, estava ao lado da mãe no transporte coletivo quando foi assassinada com um tiro de fuzil, no último 20 de setembro, no Complexo do Alemão, Rio de Janeiro. Na madrugada seguinte, um grupo de dez a vinte policiais militares invadiu o hospital onde Agatha foi internada em busca da bala que atingiu a menina. A equipe médica se recusou a entregar a prova que poderia ter apontado a autoria do crime. Entretanto, o exame de balística não identificou de que arma partiu o disparo. Segundo o laudo da perícia, o vestígio estava "inviável para o exame microcomparativo". Ainda assim, sabemos que o Estado brasileiro é o autor do crime, representado por um policial militar com nome e sobrenome protegidos, que obedecia às ordens do governador Wilson Witzel de atirar para matar.

Os movimentos de favela do Rio convocaram uma manifestação no sétimo dia da morte de Ágatha, 27 de setembro, dia de Ibeji nas religiões de matriz africana, de Cosme e Damião, no catolicismo popular. Data para distribuir doces, comer caruru e celebrar a alegria da criança interna de cada um.

Depois de picar quiabo até doer o dedo, corri para a avenida Paulista, onde a Coalizão Negra por Direitos e a Convergência Negra convocaram um ato. Havia quase dois policiais militares para cada manifestante. Clima tenso, com viaturas, ônibus e armas ostentados pela polícia, que filmava cada pessoa. Nada da alegria dos erês.

Assim que o ato saiu do vão do Museu de Arte de São Paulo Assis Chateaubriand (Masp) rumo ao escritório da Presidência, quase na esquina da rua Augusta, um homem com dreads, que parecia vender artesanato, atacou fotógrafos e manifestantes. Forte, bom lutador, parecia mais P2 tentando causar tumulto que hippie incomodado com a manifestação. Com a situação contornada, o homem ressurgia a cada quarteirão, tentando agredir outra pessoa.

Foi um ato pequeno. Muito pequeno. Cerca de duzentos militantes do movimento negro, Comissão de Direitos Humanos da Ordem dos Advogados do Brasil (OAB) contribuindo para assegurar o direito à manifestação, imprensa de esquerda. Onde você estava?

Ágatha foi a quinta criança morta pela violência policial do Rio em 2019. Outras quinze já haviam sido alvejadas antes dela, dez sobreviveram. Um aprofundamento do genocídio que começou muitos anos antes de 2019. Segundo a Secretaria de Estado de Segurança Pública do Rio de Janeiro, que registra e publiciza a letalidade policial desde 1998, foram registradas cinco mortes por dia entre janeiro e agosto de 2019, mais de 1200 execuções em oito meses, número 16% superior ao de 2018 no mesmo período, o número mais alto desde o início da série histórica.

Antes ainda, ganhou notoriedade o caso Favela Nova Brasília, também no Complexo do Alemão. Entre 18 de outubro de 1994 e 8 de maio de 1995, 26 pessoas foram executadas em ações da Polícia Civil, entre elas, adolescentes. Os casos não foram devidamente investigados por terem sido tratados como "autos de resistência à prisão", atualmente chamados de "homicídio decorrente de oposição à ação policial". Mais de vinte anos depois, em 2017, a Corte Interamericana de Direitos Humanos reconheceu que a violência policial representa um grave problema de direitos humanos no Brasil e determinou que o estado do Rio de Janeiro deveria adotar metas e políticas de redução da letalidade policial, o que nunca aconteceu. Pelo contrário, o atual governador sobrevoa favelas para acompanhar os disparos policiais feitos de helicópteros. A direita fascista aplaude. E a esquerda, defensora dos direitos humanos, nem em manifestação de repúdio à execução de uma menina de oito anos de idade apareceu.

# Uma carta a Angela Davis

Publicado na revista *Cult*, em 2/12/2019

São Paulo, 11 de novembro de 2019

Cara Angela,

Hoje recebemos a triste notícia de que o Acordo de Salvaguardas Tecnológicas Brasil-Estados Unidos foi aprovado no Senado brasileiro. Ironicamente, horas depois da reunião que tivemos com a Coalizão Negra por Direitos, em 22 de outubro, ele havia sido aprovado na Câmara Federal. E com a pressa desse governo em entregar nossa soberania e territórios quilombolas aos norte-americanos, é possível que, enquanto escrevo esta carta, o inominável presidente da República já o tenha sancionado.

Este é o momento para ativar a sociedade civil, o movimento negro e parlamentares norte-americanos, para tentar barrar a atrocidade por aí, como você se prontificou a fazer. Não gravei suas palavras exatas, mas me lembro de ter ficado emocionada por você compreender que a defesa das comunidades quilombolas de Alcântara é também responsabilidade de vocês, já que o acordo é binacional,[*] e os Estados Unidos são tão responsáveis por ele quanto o Brasil. Se puder, procure o congressista negro Hank Johnson. Ele recebeu Douglas Belchior em Washington há pouco mais de um mês, fez um discurso importante contra o acordo no Congresso americano e está disposto a somar esforços nessa articulação. Por mais que um inominável também ocupe a presidência aí, talvez, com instituições sólidas, vocês tenham mais êxito que nós. Lula saiu da cadeia, sei que você também comemorou. Uma alegria em meio a dias tão difíceis na América Latina. Espero que o cárcere tenha provocado nele a mesma percepção que em você: de que todo preso é um preso político, que essa é uma pauta racial, e que a luta pelo abolicionismo penal é uma urgência. Não me alegro em dizer que os números do encarceramento aumentaram brutalmente nas gestões Lula e Dilma. E mesmo considerando as relações complexas entre federação e estados nesse tema, é inegável que muito pouco foi feito pelo governo federal. Ainda mais considerando que uma a cada três pessoas presas no Brasil responde por tráfico de drogas. E que a chamada guerra às drogas só criminaliza pretos e pobres. Confesso que esses dados, agravados à dor de ter um irmão encarcerado por tráfico, nublam minha alegria festiva pelo Lula Livre.

Também lamento o debate público sobre as investigações do mandante político da execução de Marielle Franco ter ficado em

---

* Em 1980, o governo do Maranhão autorizou a desapropriação e remoção de mais de 52 dos 62 mil hectares de Alcântara, incluindo o território quilombola que integra a região. Cerca de trezentas famílias foram desapropriadas sem direito à realocação ou indenização para a construção do Centro de Lançamento de Alcântara (CLA) da Força Aérea Brasileira (FAB). No início de 2019, os presidentes Jair Bolsonaro e Donald Trump assinaram o Acordo de Salvaguardas Tecnológicas (AST), que regulamenta o uso comercial do Centro de Lançamento de Alcântara e permite aos Estados Unidos lançar satélites e foguetes da base maranhense. O acordo bilateral abriu precedente para que articulações do movimento, como a Coalizão Negra por Direitos, abrissem negociações diplomáticas em defesa do Quilombo de Alcântara com congressistas negros norte-americanos.

segundo plano. Nem vou falar sobre o porteiro do condomínio, ou as fotos em redes sociais e outras relações do presidente e seus filhos com os suspeitos do assassinato, porque elas podem ser tratadas como coincidências. Mas o governo ter emitido passaportes diplomáticos ao irmão, à cunhada e ao sobrinho de Domingos Inácio Brazão, suspeito de ser um dos mandantes do crime, acusado de obstruir as investigações, não é gravíssimo? Ainda assim, seguimos presididas por um homem próximo da milícia, sobre quem recaem essas suspeitas de ligação direta com a execução de uma mulher negra, bissexual, defensora de direitos humanos, vereadora eleita com quase 50 mil votos em uma das cidades mais importantes do país.

Se a solidariedade internacional e diaspórica é sempre importante, na situação em que nos encontramos ela é imperativa. Contamos com você, Angela Davis. Mesmo porque, como você percebeu e denunciou em sua passagem por aqui, é muito mais fácil a imprensa e a intelectualidade projetarem a voz de Angela Davis do que do movimento negro brasileiro.

Desculpe repetir nesta carta o tom pouco reverente e celebrativo dos dois momentos em que estivemos juntas. Toda a admiração por você, sua escrita e trajetória! Mas não se pode tratar como pop star quem dedicou a vida à luta contra a opressão, foi filiada ao Partido Comunista, próxima dos Panteras Negras, esteve na lista de pessoas mais procuradas do FBI, passou dezoito meses na prisão e percorre o mundo, há mais de quarenta anos, defendendo igualdade, justiça, democracia e o fim das prisões...

Obrigada por nos lembrar que, além de violência e racismo, o Brasil é também uma experiência coletiva de alegria, criatividade, prazer e beleza.

Um abraço apertado em você e outro na Gina.

Axé,

BIANCA

**2020**

# Resistência negra à necropolítica

Publicado na revista *Cult*, em 27/1/2020

Colaboração. Ancestralidade. Circularidade. Partilha do axé (força de vida herdada e transmitida). Oralidade. Transparência. Autocuidado. Solidariedade. Coletivismo. Memória. Reconhecimento e respeito às diferenças. Horizontalidade. Amor. Valores da Coalizão Negra por Direitos, explicitados na plataforma de princípios do grupo.

Em 28 de novembro de 2019, mais de cem representantes de entidades negras de todo o Brasil passaram o dia sob uma tenda montada na quadra da Ocupação Nove de Julho, em São Paulo, discutindo linha a linha o documento que havia sido escrito de forma colaborativa pela internet nas semanas anteriores. Chovia. Fazia frio. Mas o povo não abriu mão de nenhum detalhe, das nove às 22 horas, com menos de duas horas de pausa para o almoço.

A alegria do reencontro com velhas companheiras e companheiros coexistia com o luto e a indignação pelo brutal assassinato de Seu Vermelho, liderança do Quilombo Rio dos Macacos, região metropolitana de Salvador, de onde viriam duas militantes para o encontro da Coalizão. Três dias antes do início de nossa atividade, Seu Vermelho, aos 89 anos de idade, foi morto a machadadas, na sala de sua casa. Há cinquenta anos ele participava da luta para proteger o direito de sua comunidade viver nas terras preservadas por seus ancestrais.

A Marinha possui uma guarita na entrada do quilombo por manter uma vila naquele território e uma base naval no entorno. Do momento em que o corpo foi encontrado, até a perícia chegar ao local, cerca de cinco horas depois, nenhum militar apareceu. Um idoso foi assassinado em território controlado pelas Forças Armadas do Estado brasileiro. E a esse mesmo Estado — no mínimo, omisso — precisamos exigir a apuração do caso.

Entre 2016 e 2017, o número de assassinatos de quilombolas cresceu 350%. E depois de velarem Seu Vermelho, moradoras e moradores de Rio dos Macacos têm sido torturados toda madrugada, com pessoas desconhecidas caminhando sobre os telhados de suas casas. Ameaças constantes a quem exige titulação das terras e acesso à água, já que a Marinha quer construir um muro para impedir o acesso à única fonte da comunidade.

Demarcação dos territórios quilombolas, certificação, titulação, iluminação, saneamento, condições de acesso ao quilombo, desenvolvimento sustentável e participativo são demandas pelas quais Seu Vermelho viveu e, provavelmente, morreu. Direitos que a Coordenação Nacional de Articulação das Comunidades Negras Rurais Quilombolas (Conaq) exige do Estado brasileiro, articulada com outras entidades do movimento negro das cidades e do campo.

Fortalecer a luta do movimento negro e nossas possibilidades de incidência política, nacional e internacionalmente, é o objetivo central da Coalizão Negra por Direitos. Com solidariedade à família de Seu Vermelho, à comunidade Rio dos Macacos e a todas as lideranças quilombolas do Brasil que têm sido cada vez mais perseguidas, violentadas, exterminadas, trabalhamos, em 28 de novembro último, no documento que norteará nossa ação a partir de 2020. Em memória e reverência aos nossos mortos. Pela urgência de garantir nossas vidas.

# Política de drogas e reparação

Publicado na revista *Cult*, em 3/3/2020

Era dia. No salão de um restaurante, ricos e poderosos tomavam um brunch. Uns e outros me mediam da cabeça aos pés, sem disfarçar o incômodo com a outsider. Então chega Luciano Huck, acompanhado de alguns assessores, e começa a reunião. Como jamais faço, pedi a palavra de início. E o que deveria ser uma intervenção rápida e objetiva toma forma de discurso: "Apesar da violência de estar hoje aqui com vocês, dirigindo a mim os olhares que vocês sempre dirigem, venho por um compromisso, por entender que é muito necessário. Vocês são o elemento de fronteira entre nós, Coalizão Negra por Direitos, e aqueles que matam 63 jovens negros por dia no Brasil. Vocês têm nas mãos o poder de iniciar uma mudança de paradigma na sociedade brasileira. Com vocês posso conversar, esperando resultados concretos, sobre reparação.

Até algum tempo atrás, eu toparia vir aqui pedir dinheiro para as ações que realizamos em diferentes frentes. Hoje, não acredito mais nesse eterno enxugar gelo que não muda nada estruturalmente. Os milhares (em alguns casos milhões) que vocês nos entregam para realizar projetos nas favelas, periferias e até no Congresso Nacional se parecem muito com as moedas que nossos antepassados mendigavam nas ruas para não morrerem de fome, mas que, na estrutura, nunca mexeram. Ao contrário, nos permitiram chegar a 2020 com a mesma estrutura social de 1888: negras e negros na base, nas cadeias, deixados morrer à margem de direitos, executados em praça pública. Não. Não venho mais pedir dinheiro. Venho aqui hoje falar em política de drogas e reparação.

Porque, das mais de 726 mil pessoas presas, 64% são negras. E 28% foram condenadas por tráfico de drogas. Incluindo Vinicius, meu irmão, cumprindo sete anos, depois de já ter cumprido cinco anos e meio em uma condenação anterior. Com a possibilidade de regulamentar ou legalizar o comércio de drogas, esses meninos, que foram presos por realizar essas vendas, precisam ser os donos e os trabalhadores desse negócio.

Vocês não colocam a mão no bolso ao construírem esse passo efetivo de reparação conosco. Nem para nos doar nada, nem para embolsar os lucros do novo nicho (compreendendo, lógico, que ninguém aqui nunca lucrou com o tráfico; podemos seguir com a premissa de que só os meninos presos, negros, ou vulneráveis nas favelas e periferias lidaram com drogas ilegalmente). Precisamos do compromisso e da ação efetiva de vocês para esse processo de reparação.

Como vai funcionar na prática? Vocês têm mais experiência no planejamento que nós. Sem enganação, submissão ou apropriação, conseguimos trabalhar nisso juntos? Com solidariedade, generosidade, para tornar o Brasil mais justo racialmente, menos desigual social e racialmente? Podemos trabalhar nisso juntos?"

E então acordei, chocada com meu inconsciente.

# Incidentes de segurança

Publicado na revista *Cult*, em 1º/4/2020

Em dezembro passado precisei alterar meu número e aparelho de celular. Um homem me telefonou, pedindo para agendar uma entrevista sobre racismo. Como eu não podia na data sugerida por ele, solicitou que eu indicasse alguém da Coalizão Negra por Direitos. E que também passasse para ele o código SMS que me enviaria. Como era terceirizado da rádio, precisava provar, segundo disse, que realmente falou comigo. Pensei: "Está mesmo terrível a situação de trabalhadores do jornalismo", e passei o código de verificação do WhatsApp para o homem, sem perceber que estava caindo em um golpe.

O tal homem ou alguém que trabalhava com ele escreveu mensagens para três dos meus contatos pedindo dinheiro de forma pouco pragmática, sem nenhuma explicação ou dado bancário. E, ao perceber a exclusão do meu número de alguns grupos de WhatsApp, correu para excluir antes o contato que havia notado a invasão. Pode ter sido estelionato. Pode ter sido ação de vigilância. E não há como saber. Fato é que as trocas realizadas no aplicativo, com ativistas, parlamentares, amigas e familiares, podem ter sido acessadas por pessoas que não sei quem são e cujas intenções desconheço. Aprendi mais tarde que essas situações em que não há certeza da violação e da vigilância são chamadas incidentes de segurança.

Dias antes do episódio, dei entrevistas sobre a ação criminosa da Polícia Militar em Paraisópolis, no ato convocado pela Coalizão na frente da Secretaria da Segurança Pública; quatro dias depois do I Encontro Internacional da Coalizão Negra por Direitos, na Ocupação Nove de Julho, cujas lideranças respondem a processos criminais, por onde passaram cerca de mil pessoas, não sei dizer quantas e quantos observadores infiltrados.

Naquelas semanas, visitas extraordinárias chegavam a uma das salas da União de Núcleos de Educação Popular para Negras/os e Classe Trabalhadora (UNEafro) perguntando os horários em que cada pessoa estaria na sala ou questionando, a partir de histórias mirabolantes, o que fazíamos exatamente e como. Notificações de tentativas de alterações de senhas das mais diversas redes, sites e aplicativos chegavam por e-mail. E por mais que eu soubesse que o Estado brasileiro vigia o movimento negro desde sempre, e que deve haver mais registros de nossas reuniões e ações nos aparatos de segurança que em nossos próprios arquivos, fiquei assustada. Especificamente naquele momento, a quem interessaria ampliar a vigilância?

Vivendo em uma área de classe média da cidade de São Paulo, com coluna de revista, sei que estou protegida. Situação muito diferente da maior parte das defensoras e defensores de direitos humanos que nunca estiveram em segurança no Brasil. Além dos processos de criminalização, prisões arbitrárias, ameaças e outras violências, muitas pessoas são exterminadas. Mesmo antes do golpe de 2016, a organização britânica Global Witness havia registrado 78 casos de pessoas assassinadas por conflitos fundiários no Brasil, em 2015. Nas Américas, somos o país que mais mata defensores, segundo a Anistia Internacional.

No mundo todo, o cenário tem se agravado. Em 2014, 136 ativistas foram mortos; 156 em 2015, e esse número aumentou 80% em 2016, chegando a 281 assassinatos. Lutadores do campo são os mais vulneráveis: indígenas e trabalhadores rurais. Como já escrevi em meses anteriores, o assassinato de quilombolas cresceu 350% no Brasil entre 2016 e 2017. O que nos falta para insurgir?

# Por que Bolsonaro quer federalizar as investigações do assassinato de Marielle?

Publicado em ECOA-UOL, em 26/5/2020

Minha hipótese para a pergunta acima é de que o presidente da República quer se aproveitar do cargo que ocupa para proteger os mandantes do crime. De acordo com o vídeo da reunião ministerial divulgado na semana passada, sobre quem Bolsonaro busca proteger, podemos pensar em familiares do presidente como suspeitos, bem como em seus amigos. É preciso investigação isenta e séria para saber. Sem interferência. Sem troca de responsáveis pela investigação. Sem manipulação de provas.

A hipótese não é leviana, ela está sustentada por notícias que nos tiram o sono há mais de dois anos: "Marielle Franco é assassinada no Rio; polícia investiga homicídio doloso" (14/3/2018); "Marielle foi morta por milicianos por causa de terras, diz secretário" (14/12/2018); "Flávio Bolsonaro empregou mãe e mulher de ex-PM do Rio suspeito de chefiar milícia" (22/1/2019); "Caso Marielle: escutas ligam Escritório do Crime à família Brazão no Rio" (12/7/2019); "Ministério Público do Rio critica pedido de federalização do caso Marielle" (17/9/2019); "Miliciano e PM ligado a Brazão tramaram morte de Marielle, diz Curicica" (20/9/2019); "Domingos Brazão 'arquitetou homicídio' de Marielle Franco, aponta PGR" (25/10/2019); "Caso Marielle: investigação cita visita de suspeito a Bolsonaro, diz TV" (29/10/2019); "Capitão Adriano tinha certeza de que queriam matá-lo para 'queimar arquivo'" (10/2/2020); "Marielle: peritos do RJ apontam falha em laudo do MP que contrapôs porteiro" (2/11/2019); "Em reunião ministerial, Bolsonaro vinculou mudança na PF do Rio a proteção de família" (12/5/2020); "PF antecipou a Flávio Bolsonaro que Queiroz seria alvo de operação, diz suplente do senador" (16/5/2020).

Flávio Bolsonaro empregou mãe e mulher de ex-PM do Rio suspeito de chefiar milícia

Caso Marielle: investigação cita visita de suspeito a Bolsonaro, diz TV

Marielle: peritos do RJ apontam falha em laudo do MP que contrapôs porteiro

Em reunião ministerial, Bolsonaro vinculou mudança na PF do Rio a proteção de família

E a hipótese ganha ainda mais força se observarmos as relações da família Bolsonaro com os assassinos de Marielle e Anderson. Tudo bem desenhadinho abaixo (com evidências nas notícias anteriores, não trabalhamos apenas com convicção), para quem tiver dificuldade em interpretar textos longos:

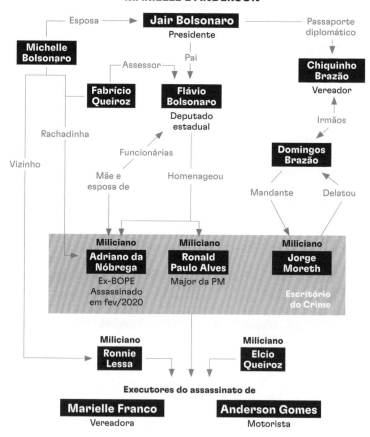

Colaboração de Igor Carvalho, Flávia Lopes e Patrícia Firmino

Mas e o Adélio? E a facada? Antecipo respostas porque essas perguntas sempre aparecem quando perguntamos #QuemMandouMatarMarielleEAnderson. A polícia federal concluiu que Adélio teria agido por conta própria, mas se há indícios de que essa não é a verdade: exigimos que essas investigações sejam reabertas. E feitas com seriedade e isenção. Muito nos interessa saber a verdade sobre a narrativa da facada. A busca é por verdade e justiça. Não por proteger mitos.

Dia 27 de maio, o Supremo Tribunal de Justiça vai votar se o caso Marielle e Anderson segue em investigação no Rio de Janeiro ou se o pedido de federalização será atendido. Cabe lembrar que a polícia do Rio, responsável junto com a PF pela operação criminosa em que o garoto João Pedro Mattos Pinto foi assassinado, e tantas outras ações genocidas, também precisa ser monitorada de perto. Mas deixar a investigação sob o comando direto de Bolsonaro, pela PF em Brasília, significa aceitar a manipulação do caso.

Não aceito. E quem também não aceitar, pode se juntar às mais de 60 mil pessoas que apoiam a família de Marielle e Anderson contra a federalização. Acesse: **https://www.federalizacaonao.org/** e participe do tuitaço no dia 27, com a hashtag #FederalizacaoNao.

Exigimos justiça!

# Por que fui citada por Jair Bolsonaro?

Publicado em ECOA-UOL, em 2/6/2020

"Tem uma tal de Bianca Santana aqui, uma blogueira, né? 'PT tem propaganda barrada pelo TSE, fake news', dizendo que era mentira. Na verdade é que foi proibido, né, pelo TSE, uma campanha do Haddad, dizendo que Bolsonaro votou contra lei brasileira de inclusão de pessoas com deficiência. A minha esposa tem um trabalho nesse sentido. Qual o objetivo? Na teoria é uma coisa, na prática é outra. Fake news."

Jair Bolsonaro, na Live da Semana com Presidente Jair Bolsonaro 28/5/2020, na última quinta-feira

Sou Bianca Santana, blogueira no UOL dentre outras atividades e títulos, mas nunca escrevi sobre propaganda do PT barrada pelo TSE, nem sobre a lei brasileira de inclusão de pessoas com deficiência. E, cá entre nós, já escrevi muitas vezes sobre o envolvimento da família de Bolsonaro com a milícia que assassinou Marielle Franco.

Na terça-feira passada, publiquei contra a federalização do caso Marielle. Estava participando, pela Coalizão Negra por Direitos, do suporte à família de Marielle e Anderson e ao Instituto Marielle Franco na coleta de assinaturas da campanha #FederalizacaoNao, apoiada por duzentas entidades e mais de 150 mil pessoas. Na quarta, o Superior Tribunal de Justiça votou por unanimidade contra a federalização do caso, e um dos ministros chegou a citar nominalmente a posição da Coalizão Negra por Direitos.

E então, quinta-feira, na live semanal do presidente, ele cita meu nome, com a acusação de escrever fake news, dando como exemplo uma manchete que jamais escrevi. Sou jornalista. Essa é uma acusação especialmente grave para quem tem a palavra e a busca pela verdade como ferramenta de trabalho. Ninguém pode, nem mesmo o presidente da República, dizer meu nome e sobrenome com a afirmação de que escrevi uma notícia falsa.

Mas não é curioso que Bolsonaro tenha mencionado meu nome, mesmo que em uma acusação infundada, bem na semana passada? Quando ficou na home do UOL um texto assinado por mim reafirmando a hipótese de que a federalização interessava a Bolsonaro por ele querer se aproveitar do cargo para proteger os mandantes do crime? Tive o cuidado de fundamentar a hipótese com um fluxograma, bem desenhadinho, das relações de Bolsonaro e seu filho Flávio com o Escritório do Crime, acusado da execução do assassinato de Marielle e Anderson, e com manchetes da imprensa.

Já repararam como Bolsonaro e seus seguidores reagem à pergunta de qual o envolvimento da família Bolsonaro no assassinato de Marielle e Anderson? Eles retrucam com Adélio e a facada, com citações a Celso Daniel, tentam desqualificar Marielle. Insistem em versões comprovadamente falsas sobre a vida dela. Como se qualquer acusação, ainda que verdadeira, pudesse justificar seu assassinato.

Vamos aos fatos. Adriano da Nóbrega, cúpula do Escritório do Crime, cuja mãe e esposa eram funcionárias do gabinete do senador Flávio Bolsonaro (Republicanos-RJ), homenageado por Flávio mais de uma vez, envolvido nas rachadinhas, foi assassinado em fevereiro deste ano. Seu advogado diz que ele temia ser morto, como queima de arquivo.

O deputado federal Chiquinho Brazão (Avante-RJ), irmão de Domingos Inácio Brazão, ex-vereador e conselheiro do Tribunal de Contas do Estado do Rio de Janeiro, acusado de mandante do assassinato, recebeu passaporte diplomático da Presidência da República. Ele representaria o Brasil no exterior? Ronnie Lessa, um dos acusados do assassinato, era vizinho de Bolsonaro e tinha relações com a família.

O próprio presidente da República afirmou mais de uma vez que queria trocar a chefia da Polícia Federal no Rio de Janeiro para proteger seus familiares e amigos.

São muitos fatos para explicar como coincidência.

No último 20 de novembro, dia de Zumbi, eu e Anielle Franco publicamos um artigo na *Folha de S.Paulo* com a pergunta: "Afinal, o que liga a família Bolsonaro ao caso Marielle?". Ainda queremos saber. E continuaremos perguntando.

# Racismo, colonialismo e falta de ar

Publicado na revista *Gama*, em 3/6/2020

"Quando eu ouço o que George Floyd morreu dizendo, é lógico que eu me lembro do dia em que um policial apertou meu pescoço até eu desmaiar. Enquanto eu sufocava, falava a mesma coisa: 'Eu não consigo respirar'", compartilhou Wellington Lopes em uma reunião de que participei esta semana. O cientista social negro, jovem brilhante, é um dos coordenadores de núcleo da UNEafro Brasil e tem dedicado seus dias à entrega de cestas básicas e materiais de higiene em Poá, região metropolitana de São Paulo, além do apoio comunitário a pessoas com sintomas de Covid-19.

Dentre muitos momentos compartilhados com Wellington, registro aqui o ato em fevereiro de 2019, em protesto ao assassinato de Pedro Henrique Gonzaga, aos dezenove anos de idade. Um segurança do supermercado Extra, no Rio de Janeiro, sufocou o jovem com um golpe de gravata até a morte. Embora me sinta um disco riscado ao perguntar, repito: onde você estava quando o movimento negro se manifestava diante dessa morte?

Desde abril, o noticiário anuncia que o sistema de saúde de São Paulo pode entrar em colapso. Na prática, mais de 7 mil pessoas mortas por Covid-19 na cidade, mais de 30 mil no Brasil, e relatos diários de gente que precisa de hospital e é mandada para casa.

Acompanhando de perto um dos casos atendidos pelo projeto Agentes Populares de Saúde, da UNEafro, passei noites sem dormir preocupada com uma senhora de 69 anos de idade, cardíaca, com febre, tosse, falta de ar, cansaço. No primeiro dia de sintoma, a família foi com ela a uma Unidade de Pronto Atendimento (UPA), onde recebeu dipirona e foi orientada a voltar para casa.

Uma filha de santo dela, coordenadora de núcleo da UNEafro também, começou a monitorar os sintomas em casa, três vezes ao dia, em contato permanente com as médicas voluntárias do projeto. No quinto dia de sintoma, quando começa o período mais crítico, a saturação caiu, e a família foi orientada a levá-la ao hospital imediatamente. Depois de muitas horas e um raio X, recebeu o diagnóstico de sinusite, um antibiótico, e foi mandada para casa mais uma vez.

Tensas, seguimos monitorando o quadro em mais pessoas e estudando possibilidades para atendê-la em caso de agravamento. Dois dias depois, no sétimo de sintoma, a saturação baixou mais uma vez e, ainda com febre, foi levada a outro hospital. Oito horas depois, sem o resultado do teste rápido de Covid-19, foi orientada a fazer uma tomografia. Mas o aparelho havia sido retirado de lá durante a pandemia, levado para outro hospital a algumas quadras dali. Ela teria de esperar uma ambulância para fazer o deslocamento, não permitido por meios próprios, para fazer o exame. Como ouviu que algumas pessoas já esperavam fazia dezesseis horas, foi levada para casa.

No dia seguinte, foi para outro hospital, onde fez o exame e recebeu resultado positivo para Covid-19. Ficou na retaguarda do pronto-socorro até que um leito na enfermaria fosse liberado, já que todos estavam lotados. Uma mancha no pulmão indica uma pneumonia séria. E é impossível não perguntar se teria sido mais simples tratar no início, quando ela foi ao hospital pela primeira vez, sem precisar chegar à quarta vez.

O elevado número de pessoas que não sobrevivem à Covid-19 não tem a ver apenas com a falta de leitos de UTIs e respiradores. Observando apenas um caso é possível perceber inúmeras falhas no sistema de saúde. Negligência? Ou protocolo para idosos negros que dependem da saúde pública?

A Zona Leste de São Paulo não tem um único hospital de campanha. Muitos postos de saúde estão com as portas fechadas ou com atendimento parcial. Inúmeras pessoas têm desmarcado consultas médicas ou deixado de procurar prontos-socorros em casos de necessidade. Fica evidente que, além das mortes por Covid-19, o número de óbitos por outras doenças também tem aumentado em relação ao mesmo período em anos anteriores. Segundo estudo do epidemiologista Paulo Lotufo, professor da Faculdade de Medicina da Universidade de São Paulo (USP), noticiado na BBC, em março, a cidade de São Paulo teve 743 mortes a mais que a média para o mesmo mês dos últimos cinco anos, excluindo homicídios e acidentes em geral. Os casos de feminicídio quase dobraram e o número de homicídios também aumentou em São Paulo durante a pandemia.

Três dias depois que o garoto João Pedro Mattos Pinto foi assassinado dentro de casa por policiais, no Complexo do Salgueiro, no Rio de Janeiro, dois outros jovens foram assassinados na Comunidade da Ilha, na Zona Leste de São Paulo: Gabriel Dantas, de dezoito anos, e Juan Ramos, aos dezesseis, também baleado dentro de casa. A recomendação da Organização Mundial de Saúde (OMS), de ficar em casa para estar protegido durante a pandemia, vale, desde que você não seja um jovem negro. "Violência racial é como síndrome respiratória aguda grave, não permite respirar!", tuitou Sueli Carneiro em 30 de maio.

E se você realmente quiser compreender como o racismo opera no Brasil, pelo signo da morte para negras e negros, leia a tese de Sueli Carneiro: *A construção do outro como não-ser como fundamento do ser*, defendida em 2005, na Faculdade de Educação da USP. Ela escreveu mais ou menos no mesmo período em que Achille Mbembe publicou *Necropolitique*, depois traduzido no Brasil como *Necropolítica* (N-1 Edições, 2018). Não é curioso que a tradução seja mais conhecida que um pensamento original em português, formulado por uma mulher negra brasileira? Relaciono com vocês acharem lindos os protestos dos negros norte-americanos.

# Guilherme e Floyd, Minnesota é aqui

Publicado em ECOA-UOL, em 16/6/2020

Guilherme Silva Guedes, de quinze anos, estava na frente da casa da avó na Vila Clara, Zona Sul de São Paulo, quando foi levado por dois homens armados. Segundo moradores do bairro, um dos homens era policial militar e trabalhava como vigia em um galpão que foi assaltado recentemente. O corpo de Guilherme foi encontrado com marcas de tortura e ferimentos de bala na cabeça e em uma das mãos.

No final da tarde de ontem, 15 de junho, moradores da região tomaram as ruas em protesto. Gritando "assassinos", queimaram pneus e ônibus na avenida Engenheiro Armando de Arruda Pereira. A polícia militar disparou bombas e tiros de borracha para coibir a manifestação. E depois de encerrado o ato, ocupou o bairro com um caminhão blindado do Batalhão de Choque e abordagens policiais violentas, muitas delas registradas em vídeos de celular. Em uma das imagens, um homem sozinho, com um celular nas mãos, é acuado contra um carro e recebe um golpe na cabeça, antes de ser derrubado no chão. Em outra, um jovem vira para a parede, abaixa a cabeça, abre as pernas e levanta os braços, esperando ser revistado, quando recebe pontapés e socos de um policial.

"Zona Sul está tomada pelo choque, não tem mídia, muitos abusos, muitos jovens em risco", recebi na mensagem de uma moradora. "Estão abusando mesmo. Eu vi com meus próprios olhos, daqui da laje, a polícia agredindo todo mundo", confirmou um morador. Que padrão operacional da polícia é esse? O mesmo que, ilegalmente, tortura e assassina pessoas negras todos os dias, em todo o país?

Apenas em 2017, as ações policiais mataram 1127 pessoas no Rio de Janeiro, 940 em São Paulo, 668 na Bahia, 388 no Pará. Em maio de 2020, o Supremo Tribunal Federal (STF) proibiu a realização de operações policiais em comunidades do Rio de Janeiro durante a pandemia, e um dia depois a polícia entrou atirando no Complexo do Alemão. Entre janeiro e março deste ano, a Polícia Militar de São Paulo matou 255 pessoas, uma a cada oito horas e meia, um recorde mesmo para uma das polícias mais violentas do mundo. Dentre as pessoas executadas que tiveram a cor de pele registradas nos boletins de ocorrência, 64% eram negras. Alvos do genocídio.

"Nós não gostamos do modo como vocês, policiais, têm feito mau uso da lei e maltratado o povo. Vocês são funcionários públicos, o que significa que todo o povo — todo o povo — delegou a vocês a tarefa de garantir a segurança das pessoas no exercício diário de seus direitos", explicava o texto "Aos policiais racistas", publicado no jornal *The Black Panther*, em maio de 1967. "O Partido Pantera Negra para Autodefesa tem sido convocado pelos gritos, pelo sofrimento e pela dor do povo. Nós estamos aqui para civilizar vocês. Nós estamos aqui para ensinar vocês a amar e a servir as pessoas com uma atitude humilde e fidedigna, consistente com a sua posição."

A mesma convocação está nos gritos de sofrimento dos familiares de Guilherme, João Pedro, Ágatha, Luana, Marielle; no grito de dor das Mães de Maio e do pai em luto que fincou novamente na areia as cruzes em homenagem às mais de 40 mil vítimas de Covid-19. É hora de interromper o ódio e ensinar a polícia a amar e a servir o povo. Como consta na agenda para incidência política da Coalizão Negra por Direitos, ironicamente no número 17: hora de exigir "o fim da militarização das políticas de segurança pública em nossas comunidades, para que se proíba o uso da violência racial que tem produzido altos índices de homicídios contra a população negra; a promoção de políticas de segurança pública baseadas em Direitos Humanos". Enquanto houver racismo, não haverá democracia. Basta de genocídio.

# Viva Sueli Carneiro!

Publicado em ECOA-UOL, em 23/6/2020

Pelos documentos, o aniversário é amanhã, no São João. Mas o nascimento foi dia 23 de junho de 1950. Por 69 anos, a maratona de comemorações do aniversário de Sueli Carneiro, como brincam seus irmãos, durou dois dias. Mas em 2020, apesar da pandemia, são setenta anos a celebrar. Graças a um erro do Google, felizmente já corrigido, os parabéns começaram há dez dias. E há programação na agenda até o final de junho. Teremos então quinze dias de festa on-line, no mínimo.

A ativista responsável por enegrecer o feminismo no Brasil diz que não confia tanto assim na humanidade, mas vai lutar sempre contra quaisquer formas de opressão, como faz desde menina. Apaixonada pelo pai, Zé Horácio, não hesitava em enfrentá-lo na defesa da mãe e dos irmãos. Depois do golpe de 1964, foi uma das adolescentes a organizar uma passeata pelas ruas da Freguesia do Ó. Estudante de filosofia na década de 1970, vivia entre assembleias e reuniões do movimento. "Quando todos os alunos negros da USP cabiam em uma kombi", como brinca Rafael Pinto. "E ainda sobrava lugar", completa Sueli.

Antes mesmo do Coletivo de Mulheres Negras, fundado em 1983, e da atuação no Conselho Estadual da Condição Feminina, Sueli Carneiro já tinha ficha no Departamento de Ordem Política e Social (Dops). A informação pública no prédio do Arquivo Público do Estado de São Paulo diz apenas que era estudante de psicologia, o que nunca foi. Mas no sistema de informação do Arquivo Nacional há 37 registros de atividades de que Sueli participou no início dos anos 1980. Certamente há mais nos órgãos de repressão, nunca tornados públicos. Difícil acreditar, por exemplo, que os milicos não soubessem que o jovem casal Sueli Carneiro e Maurice Jacoel abrigava pessoas na clandestinidade em seu apartamento na Bela Vista. A resistência ao regime militar no Brasil é também negra e Sueli Carneiro fez parte dela. Mesmo que no ato de fundação do Movimento Negro Unificado, em 7 de julho de 1978, estivesse diluída na multidão, sem microfone na mão ou qualquer protagonismo. Do mesmo modo que no Tribunal Bertha Lutz, em 1982, estava entre as meninas pretinhas desconhecidas a aplaudir Abdias Nascimento denunciar que não havia mulheres negras naquele primeiro dia de programação do encontro feminista. E na Biblioteca Mário de Andrade, quando se encantou ao ouvir Lélia Gonzalez pela primeira vez, dando nome ao sujeito político específico que lutava contra o racismo e também contra o sexismo: a mulher negra. Nas paredes cobertas de madeira do auditório da Mário, Sueli sabia o que queria ser quando crescesse. Da sensação de que Lélia podia ouvir sua mente, seu coração, e verbalizar o que ainda não estava organizado racionalmente, Sueli Carneiro viu o que era necessário fazer: atuar politicamente pelas mulheres negras.

E então nasce a Sueli Carneiro conhecida pela maior parte das pessoas. A ativista que enegreceu o feminismo no Brasil. A intelectual que publicou o primeiro livro em 1985, desagregando, de forma pioneira, os dados de gênero, classe e raça em suas análises. Uma das fundadoras de Geledés — Instituto da

Mulher Negra. A escritora de textos de jornal, artigos acadêmicos, tese com a melhor introdução já feita na história (segundo eu mesma), que se recusa a ser escritora. A defensora de direitos humanos internacionalmente reconhecida e premiada. A visionária responsável pelo primeiro site de organização não governamental do Brasil, apenas um ano depois da chegada da internet comercial; que também apostou na criação do portal mais importante no debate de gênero e raça em língua portuguesa. Uma das responsáveis pelas vitórias na Batalha de Durban. A teórica que escreveu sobre dispositivo de racialidade e biopoder de maneira muito aprofundada no mesmo período em que Mbembe escrevia o ensaio *Necropolítica*, que vocês adoram citar. A mulher negra que defendeu a constitucionalidade das cotas raciais no STF.

Forjada no ferro, Sueli Carneiro é da luta. E Luanda, a filha amada que gerou e pariu, sua prenda, sempre soube que dividiria a mãe com a luta política. Sofisticada, Sueli Carneiro combina cores e tecidos de roupas bem cortadas com colares marcantes. Elegante, faz o anel de madrepérola e prata dançar pelo indicador enquanto conversa. Está sempre com o rastafári impecável, ergue nariz e sobrancelha para buscar informações no iPad. Solta um suspiro antes de dar bronca. Sorri com os olhos nos elogios sutis que valem mais que qualquer prêmio. Gargalha alto levantando o queixo e o corpo todo. Ouve jazz e Milton. AMA futebol. Come com mais prazer que qualquer uma das tantas taurinas de sua vida.

"Não tenho mais nada para dizer. Tudo o que formulei já está escrito", respondeu ao meu pedido de entrevista, no início de 2017. Quinze dias depois estávamos na sala de reuniões de Geledés, quando eu fingia para mim mesma que era normal estar à frente dela e repetia que estava tudo bem parecer idiota para Deus. Um mês depois, antes de lotarmos a Vila Madalena de gente preta para o debate de lançamento da revista *Cult* com Sueli Carneiro na capa, ela ralhou: "A gente não pode mesmo dar a mão para vocês. Onde já se viu lançar revista?". Foram muitas e muitas e muitas outras broncas desde então. Algumas de tirar o chão. Mas se ela tivesse conhecido Dona Polu, a avó idolatrada que me criou, entenderia por que eu sei que cada uma é amor. Agradeço pelas infinitas 160 horas de entrevistas acompanhadas de pão português e café quentinho. A segunda versão do texto da biografia está quase pronta. Mesmo. Lançar em 2020 vale como presente de setenta anos ainda, não vale? Feliz aniversário, Sueli Carneiro. Não sei se pode ficar se declarando para as pessoas que a gente biografa. Mas eu amo você.

# Quilombismo

Publicado na revista *Gama*, em 1º/7/2020

Beth Beli estava no meio da rua. Vestia uma espécie de figurino em tons de verde e ocre. Na cabeça, uma coroa afrofuturista quase passava despercebida. Porque o foco era o rosto concentrado da mulher que regia o silêncio. O bloco afro Ilú Obá De Min, das mais de quatrocentas batuqueiras comandadas por ela, não compunha a cena. Mas as calçadas estavam repletas de pessoas que não faziam barulho algum, atentas ao movimento de braços da mestra, que daria o sinal a qualquer momento.

À frente de Beth, alguns metros distante naquela rua vazia emoldurada por calçadas cheias, estava Sueli Carneiro. Sua presença tranquila parecia orientar o caminho. Nenhum movimento ou palavra era necessária. A presença luminosa bastava. Atrás de Beth Beli, Luiz Gama. Vestido nos trajes masculinos formais do final do século 19. Uma imagem em sépia. Ele foi o único a falar: "Não se esqueçam. Eu estava perto do poder". Mesmo sem movimentar a boca, as palavras ecoavam pausadamente.

Exu
tu que és o senhor dos

caminhos da libertação do teu povo
sabes daqueles que empunharam
teus ferros em brasa
contra a injustiça e a opressão
Zumbi Luiza Mahin Luiz Gama
Cosme Isidoro João Cândido
sabes que em cada coração de negro
há um quilombo pulsando
em cada barraco
outro palmares crepita
os fogos de Xangô iluminando nossa luta
atual e passada

As estrofes do poema "Padê de Exu libertador", que Abdias Nascimento escreveu em 1981, confirmam uma percepção. Apesar de Xangô ser o orixá da justiça, e Luiz Gama ser o homem que libertou tantas pessoas escravizadas por meio dos tribunais e das leis, há Exu em Luiz Gama. No sonho, portanto, há Ogum, Oxóssi e Exu no meio da rua. E não é que o próprio Abdias já havia pintado, em 1980, a imagem evocada neste sonho de 2020? Exu matou um pássaro ontem com a pedra que jogou hoje, afinal. O nome da tela, pintada em óleo: *Quilombismo (Exu e Ogum)*. Mas quem é que não vê o arco de Oxóssi destacado? Quilombismo, conceito apresentado por Abdias em 1980. Conceito mesmo, na densidade que um conceito carrega. Nas palavras do autor: "um conceito científico emergente do processo histórico-cultural das massas afro-brasileiras". Em resumo por mim vulgarizado: da realidade de violência e escassez imposta na diáspora, a existência negra é possível na articulação comunitária, baseada em valores culturais africanos, no exercício da liberdade e da dignidade dos quilombos, com autodefesa, modelo socioeconômico próprio, organização política verdadeiramente democrática. "[...] uma unidade, uma única afirmação humana, étnica e cultural, a um tempo integrando uma prática de libertação e assumindo o comando da própria história. A este complexo de significações, a esta práxis afro-brasileira, eu denomino de quilombismo", escreveu Abdias em "Consciência negra e sentimento quilombista", que compõe o Documento 7 dos dez organizados no livro *O quilombismo*, de 1980. O legado do quilombismo é também possibilidade de futuro. Conexão de temporalidades na encruzilhada. Ou melhor, na EXUzilhada, como ensina Cidinha da Silva. É a rua desbravada e protegida por Sueli Carneiro; preparada para a flecha certeira de Beth Beli; aberta, movimentada e desafiada por Luiz Gama. Mandinga para a travessia necessária.

"Precisamos e devemos codificar nossa experiência por nós mesmos, sistematizá-la, interpretá-la e tirar desse ato todas as lições teóricas e práticas, conforme a perspectiva exclusiva dos interesses da população negra e de sua respectiva visão de futuro. Esta se apresenta como a tarefa atual da geração afro-brasileira: edificar a ciência histórico-humanista do quilombismo", escreveu Abdias Nascimento. Quem tiver disposição para isso, preste atenção aos sinais. Conecte-se à energia expandida dos tambores da mulherada do Ilú Obá De Min, antes do "Laroiê" na voz de Nega Duda. Naquele silêncio que pulsa antes da batida no couro.

# Nossa negritude de pele clara não será negociada

Publicado em ECOA-UOL, em 28/7/2020

Não ser branco nem preto, em uma sociedade racializada como a brasileira, permite a pessoas negras de pele clara negociar benefícios o tempo todo. Para se aproveitar das cotas raciais, soltam o black power; para conseguir emprego, alisam o cabelo. A passabilidade — serem mais aceitas pelos brancos, quem realmente têm poder — oferece mais posições subalternas a essas pessoas. Privilégio que se pode constatar nas estatísticas.

Segundo dados divulgados pelo IBGE em 2017, enquanto o rendimento médio real de um trabalhador branco era de 2 660 reais e dos pretos era de 1 461 reais, o do pardo era de 1 480 reais. Percebem a vantagem social? Do mesmo modo, enquanto o desemprego entre brancos era de 9,5%, dentre os pretos era de 14,4%, dentre os pardos era 14,1%. Sei que os dados cansam. Apresento só mais alguns. Dentre as empregadas domésticas, 50% são pardas (as quais somam 40% do total de mulheres), 13% pretas (quando são 8% do total de mulheres), 35% brancas (47% das mulheres). Mas nem tudo são números.

Peguemos o exemplo de uma mulher negra de pele clara — com traços finos, segundo alguns, cabelo pouco crespo, segundo outros — que publicou um livro chamado *Quando me desco-*

*bri negra* (Sesi-SP, 2015). Apesar de ter sido vítima de violações de direitos comuns a crianças negras pobres, teve a oportunidade de passar vinte anos da vida no não lugar, no conforto de ser constantemente informada de que não era branca, sem ter qualquer outra identidade racial, usufruindo da sensação plena de inadequação. Privilégio pardo.

Sempre bom lembrar que raça não é uma divisão das ciências biológicas, mas uma categoria social e política. Se pelo DNA todas e todos temos características comuns à humanidade, a desigualdade racial do Brasil, amplamente registrada e denunciada, mostra que raça é uma categoria analítica e política importantíssima para que possamos acabar com o racismo. Mas, nessa conversa séria e importante, o pardo atrapalha. Porque a cor de pele clara permite negociações, o que se pode observar nos indicadores de violência. Dentre os jovens assassinados, entre quinze e 29 anos, um a cada 23 minutos, a maior parte é de pardos. A polícia tem, como se pode perceber, dificuldade em identificar os pardos como negros. O mesmo acontece no sistema carcerário. Nas prisões femininas, em 2017, pardas eram 48,04%, pretas 15,51% e brancas 35,59%.

Durante a pandemia, o número de mortes por doenças respiratórias, mesmo sem o diagnóstico de Covid, cresceu entre 16 de março e 30 de junho, em relação ao mesmo período de 2019: 24,5% mais entre brancos; 70,2% mais entre pretos e 72,8% mais entre pardos. A falta de acesso à saúde ao longo da vida, a ausência de testagens, as discriminações nos postos de saúde e hospitais, a exposição à contaminação: tudo isso confunde pardos com brancos, não dá para perceber?

Chega. Para. Muda o tom. Abandono aqui a ironia do início do texto — e os pedidos de desculpas ao falar sobre o tema em oportunidades anteriores — e comunico, no papo reto: nossa negritude de pele clara não será negociada.

Mesmo porque uma das especificidades do racismo vivenciado por quem se autodeclara pardo tem a ver exatamente com nos acusarem de ambivalência. Verônica Toste Daflon, professora do Departamento de Sociologia da Universidade Federal Fluminense, trata desse fenômeno no livro *Tão longe, tão perto: Identidades, discriminação e estereótipos de pretos e pardos no Brasil*, publicado em 2017 pela Mauad X.

Verônica constata que pretos mobilizam mais os estereótipos do indivíduo sem oportunidades, enquanto pardos são percebidos como marginais e imorais. Há um componente de classe a considerar. Sempre há. "Criminalidade, malandragem, preguiça, fuga ao trabalho e licenciosidade sexual são estereótipos, vinculados aos pardos, mais passíveis de ser rechaçados por aqueles que rompem a barreira social para ingressar nas classes médias e nas elites", escreveu Verônica. "Se ficar estabelecido que os pardos de classes mais baixas sentem a discriminação mais intensamente do que aqueles que adentram as classes médias e elites, isso pode colaborar com a hipótese de que os estereótipos que recaem sobre eles são mais manipuláveis com a ascensão social do que aqueles associados aos pretos." Mas a que serve essa manipulação da nossa identidade negra? Independentemente das percepções de discriminação, o abismo que separa pretos e pardos dos brancos foi mostrado em estudos clássicos produzidos por Carlos Hasenbalg, Nelson do Valle Silva e Lélia Gonzalez ainda na década de 1970; por Sueli Carneiro e Thereza Santos ao se debruçarem sobre as desigualdades entre mulheres na metade da década de 1980. E por inúmeros outros pesquisadores e pesquisadoras. Kabengele Munanga, atualmente, professor visitante sênior da Universidade Federal do Recôncavo da Bahia, defende que pretos e pardos sejam agrupados como negros tanto pelas semelhanças socioeconômicas quanto por uma necessidade política.

"Vale e Silva demonstrou que ser preto ou pardo, no Brasil, dá no mesmo, ou seja, demonstrou a tese do movimento negro, quando chamamos pretos, pardos e mulatos, todos, de negros. E podemos ver nos trabalhos desses poucos cientistas sociais brasileiros, que escolheram o seu lado, ou seja, o nosso lado, a nossa luta, que eles procuram, efetivamente, acabar com esse 'papo' de divisão do Brasil em quatro cores: os brancos, os pardos, os pretos e os amarelos. Nos seus trabalhos, o que vemos é a junção do preto e do pardo como negro", escreveu Lélia Gonzalez em 1984, em um discurso em homenagem a Luiz Gama e Abdias Nascimento, publicado na coletânea *Primavera para as rosas negras*, editada pela União dos Coletivos Pan-Africanistas em 2018.

O movimento negro, que tem sido vitorioso em tantas agendas, cravou a definição de negros no Estatuto da Igualdade Racial brasileiro, de 2010, como a soma de quem se autodeclara preto ou pardo, conforme o quesito cor ou raça do IBGE. Qualquer tentativa de embaralhar a noção de negros como a soma de pretos e pardos — reconhecendo a negritude dos variados tons de pele — presta um desserviço à formulação de políticas públicas que beneficiam toda a população, na busca pela igualdade definida em nossa Constituição. Além de ser um estrondoso equívoco analítico.

As conquistas do movimento negro serão defendidas por negras e negros — dos mais variados tons de pele — organizados coletiva e politicamente. Não há espaço para aventuras individuais de qualquer ordem, nem para a política deliberada de negar o racismo para aprofundar o genocídio negro. Os poucos direitos conquistados, assim como nossa negritude de pele clara, não serão negociados.

# Arruda e guiné

Publicado na revista *Gama*, em 26/8/2020

Passei as duas últimas semanas desanimada. Quem não? No domingo veio o sol e sentei para ler na varanda. Em meio ao ensaio de Toni Morrison, subiu o cheiro doce da arruda. "O que eu precisava é que a imaginação servisse de esteio aos fatos, aos dados brutos, e não fosse esmagada por eles. Imaginação que personalizasse a informação, que a tornasse íntima, mas que não se oferecesse como um substituto. Se a imaginação pudesse fazer esse papel, então haveria a possibilidade de conhecimento. Quanto à sabedoria, eu não tocaria nisso, claro, e deixaria aos leitores a tarefa de produzi-la." E então a planta me arrancou do livro e voltei ao quintal da vó Maria, mãe do meu pai.

Reproduzir com os galhos da arruda os movimentos e a reza da vó nos bichinhos que aparecessem e nas crianças que aceitassem era das minhas brincadeiras preferidas.

Na ausência de benzedeira, um banho de folhas ajudaria a romper com mais um desânimo dessa pandemia. Mirra, lavanda, boldo, alecrim, manjericão. Faltava uma para as sete. Atrás do banco de madeira estava a guiné. Bacia de ágata com água, copo d'água ao lado. Macera, coa. Depois do banho de chuveiro, a água de cheiro fria, do pescoço pra baixo. Nada de enxugar o corpo com toalha. E saio outra.

Por que tantas vezes me perco de mim? E esqueço dos tantos instrumentos e técnicas disponíveis para curar? Para insurgir-me em silêncio? Para interromper? É que eles fazem tanto barulho! Guiné, *Petiveria alliacea L.*, da família Phytolaccaceae, originária das Américas, também tem o nome popular de amansa--senhor. Sobre ela, Maria Thereza Lemos de Arruda Camargo, etnofarmacobotânica, publicou um artigo, em 2007, chamado "Amansa-senhor: A arma dos negros contra seus senhores". No estudo, a pesquisadora parte das relações entre o nome atribuído por pessoas negras escravizadas à planta e os registros históricos das "perturbações mentais" de que eram acometidos os chamados senhores de escravos quando tomavam, sem saber, doses pequenas e prolongadas da planta. E então apresenta dados fitoquímicos e farmacológicos.

A pesquisa bibliográfica de Maria Thereza mostra que, desde o século 19, até a metade do século 20, estudos descreviam o envenenamento provocado pela administração de amansa--senhor sozinho ou combinado com outras ervas: superexcitação, insônia e alucinação, seguidos pelos sintomas opostos de indiferença, fraqueza, pequenas convulsões, imbecilidade, podendo levar à morte ao final de um ano. No final do século 20, estudos fitoquímicos e farmacêuticos demonstraram a existência de um princípio ativo hipoglicêmico na planta. Em termos científicos: "Experiências com extratos do pó das folhas e do caule foram realizadas em rato, em 1990, quando apresentaram diminuição do nível de açúcar no sangue em mais de 60%, após 48 horas da administração. Esse efeito se deve ao pinitol (3-o-metil-quiroinositol), um fosfoglicano endógeno de baixo peso molecular, o qual exerce um efeito semelhante à insulina, no controle da glicemia. Age por um mecanismo de pós-receptor aumentando a captação de glucose [...] a síndrome da hipoglicemia termina em coma e morte". Não é impressionante o conhecimento condensado e disseminado por negras e negros em um nome popular?

Amansa-senhor, ou guiné, também é utilizado como diurético, analgésico, antirreumático, abortivo, dentre outras atividades terapêuticas. Na varanda da minha casa, tem a função de limpar e proteger, assim como a arruda. Cada qual ao seu modo. Um galho de arruda na orelha cura dor de cabeça, afasta mau-olhado e quebranto. Garrafada de arruda ou a erva em um escalda-pés bem quente ajuda a menstruação a descer: saber compartilhado por mulheres que cuidam de si, de suas comunidades e do ciclo da vida desde sempre, apesar dos fundamentalismos e do patriarcado.

# Pantanal em chamas e a urgência de outro pacto coletivo

Publicado em ECOA-UOL, em 8/9/2020

Crianças indígenas salvando pertences do fogo. Animais mortos, com as patas queimadas, ou o corpo todo carbonizado. Porções imensas de mata consumidas em labaredas. Fumaça escurecendo os dias e intoxicando quem faz registros em celular para denunciar que 12% do Pantanal Mato-Grossense já foi queimado: quase 19 mil quilômetros quadrados, o equivalente à área da cidade de São Paulo multiplicada doze vezes.

No período da seca, vegetação, ventos, calor e falta de chuva potencializam o alastramento do fogo, é verdade. Potencializam. Porque o incêndio que consome o Pantanal é resultado da ação humana, como diagnosticaram perícias recentes. Há décadas o agronegócio se expande na região colocando fogo na biodiversidade, expulsando indígenas, quilombolas e outros povos tradicionais de suas terras; matando animais e vegetais para criar pasto para boi e envenenar o solo com agrotóxicos.

Mas a situação piorou muito este ano, quando o ministro do Meio Ambiente Ricardo Salles — com apoio do presidente Jair Bolsonaro — viu a possibilidade, durante a pandemia de Covid-19, de "passar a boiada", propondo leis para regularizar a destruição ambiental provocada por um dos principais setores de apoio ao governo: os ruralistas. Além de propostas jurídicas, há clima político para o setor agir livremente. Apenas no primeiro semestre de 2020, os registros de queimadas no Pantanal Mato-Grossense aumentaram 530% em relação ao mesmo período de 2019. A indignação e a tristeza que nos consomem precisam resultar em ação política. Além da hashtag #AjudaPantanal, da cobrança dos governos municipais, estaduais e federal na interrupção imediata das queimadas e cuidados com animais feridos, flora destruída e pessoas desabrigadas, é preciso firmar um novo pacto coletivo. O desenvolvimentismo destrói modos de vida e ecossistemas para gerar lucros a poucos. O agronegócio mata ateando fogo, assassinando à bala indígenas e quilombolas, colocando veneno nos pratos de comida consumidos na cidade. Quem elogia o agronegócio "como locomotiva da economia", por produzir o alimento necessário a todos, deveria saber que 70% da comida que chega às nossas mesas vem da agricultura familiar. Incentivo à pequena produção rural, à agroecologia e reforma agrária são respostas para a economia, para a saúde de nossos corpos e para a natureza, assim como os modos de vida e propostas políticas dos povos tradicionais.

O manifesto da Marcha das Mulheres Negras de 2015 deixou registrado: "Inspiradas em nossa ancestralidade somos portadoras de um legado que afirma um novo pacto civilizatório. [...] A sabedoria milenar que herdamos de nossas ancestrais se traduz na concepção do Bem-Viver, que funda e constitui as novas concepções de gestão do coletivo e do individual; da natureza, política e da cultura, que estabelecem sentido e valor à nossa existência, calcados na utopia de viver e construir o mundo de todas(os) e para todas(os). Na condição de protagonistas oferecemos ao Estado e à sociedade brasileiros nossas experiências como forma de construirmos coletivamente uma outra dinâmica de vida e ação política, que só é possível por meio da superação do racismo, do sexismo e de todas as formas de discriminação, responsáveis pela negação da humanidade de mulheres e homens negros". Para quem se sente muito distante disso tudo, é hora de repensar as bandejinhas de carne e os vegetais envenenados que compra no supermercado. Citando Silvia Federici, "precisamos superar o estado de negação constante e de irresponsabilidade em relação às consequências de nossas ações, resultado das estruturas destrutivas sobre as quais se organiza a divisão social do trabalho dentro do capitalismo. Sem isto, a produção da nossa vida se transforma, inevitavelmente, na produção da morte para outros". #AjudaPantanal

# Magazine Luiza e um passo de ruptura com o pacto narcísico da branquitude

Publicado em ECOA-UOL, 22/9/2020

*Em 2020, o afro-americano George Floyd foi assassinado por um policial durante uma abordagem, fato que desencadeou uma série de manifestações internacionais que pautavam temas como o genocídio da população negra, o racismo e a violência policial. Esse cenário reacendeu as discussões sobre as desigualdades raciais em todos os âmbitos da sociedade, bem como a discussão dos diversos atores sociais na permanência desse fenômeno. No mesmo período, diversas empresas passaram a divulgar a adoção de ações afirmativas em suas políticas de contratação para cargos de liderança.*

As desigualdades raciais no mundo do trabalho são vistas a olhos nus. Quem conhece o Brasil sabe a cor de pele e a textura dos cabelos de quem ocupa o topo e de quem ocupa a base da pirâmide social. E o abismo com o qual convivemos está mensurado: a diferença na taxa de desemprego entre brancos e negros é de 71,2%; brancos recebem, em média, 56,6% a mais que a população negra; dentre profissionais contratados para cargos de liderança em São Paulo no ano de 2019, apenas 3,69% eram pretos ou pardos; mulheres negras são apenas 0,5% do quadro executivo das quinhentas maiores empresas brasileiras.

Tais dados costumam ser ignorados por quem comanda as organizações e, ano após ano, contratações e promoções atualizam seus quadros reproduzindo os mesmos critérios racializados. Mas a escolha que privilegia um grupo racial e exclui outro não está nomeada, é evidente. O silenciamento e a negação de que existe um problema racial a ser resolvido é parte da engrenagem eficaz do racismo brasileiro.

Cida Bento, referência nos estudos das relações raciais no mercado de trabalho, descortinou esse fenômeno em sua tese de doutorado chamada *Pactos narcísicos no racismo: Branquitude e poder nas organizações empresariais e o poder público*, defendida no Instituto de Psicologia da USP, em 2002. Ela estuda a interdição de pessoas negras a espaços de poder a partir da noção de branquitude. "Branquitude como preservação de hierarquias raciais, como pacto entre iguais, encontra um território particularmente fecundo nas organizações, as quais são essencialmente reprodutoras e conservadoras." É mais ou menos assim: a pessoa branca que ocupa um posto de comando reproduz as mesmas práticas que só permitirão a outras pessoas brancas ascenderem também.

E então, neste 2020, a empresa comandada pela mulher mais rica do Brasil, segundo a revista *Forbes*, anuncia uma ruptura com o pacto narcísico da branquitude. O programa de trainee do Magazine Luiza será voltado exclusivamente a pessoas negras. "Um passo importante para consolidarmos a diversidade na empresa", publicou Luiza Helena Trajano em seu perfil no Twitter. Frederico Trajano, CEO da empresa e filho de Luiza, publicou um artigo em que explica a decisão: "Atualmente, apenas 16% dos representantes da liderança da empresa são negros. No comitê executivo, do qual faço parte, não há nenhum [...]. Para uma empresa que prega o valor das pessoas e da diversidade e que celebra todos os dias o Brasil, um país multirracial, seria uma hipocrisia fechar os olhos e assumir que não há alguma coisa errada. É claro que há".

Depois da constatação, é necessário agir. E diferentemente dos antirracistas que paralisam na constatação do problema, o Magazine Luiza, reconhecida por sua eficiência, alterou o programa que leva mais rapidamente para cargos de liderança de modo objetivo: seleção exclusiva para negras e negros para resultar na contratação de negras e negros em cargos de liderança. Pragmatismo que as empresas costumam valorizar.

# Antirracista também na urna?

Publicado na revista *Gama*, em 21/10/2020

Em 2020, teremos a eleição com mais candidaturas negras da história. Em decisão inédita do STF — provocado pela deputada Benedita da Silva (PT-RJ) e movimentos como a Coalizão Negra por Direitos —, partidos precisam dividir dinheiro e tempo de rádio e televisão de modo proporcional entre pessoas negras e brancas. Mas se, apesar de antirracista, você votar em pessoas brancas, o resultado eleitoral provavelmente será a perpetuação da desigualdade racial na política institucional local. Você sabe disso.

Há inúmeras candidaturas brancas que respeito e admiro em São Paulo, cidade onde voto. Algumas delas verdadeiramente comprometidas com as lutas antirracista, feminista, popular. Dentre as muitas candidaturas negras igualmente feministas, populares e expressões maiores do antirracismo, se destacam as oriundas do movimento negro, pelo acúmulo coletivo e compromisso histórico. Há uma diversidade dessas ótimas candidaturas em todo o Brasil. Mas diante da urna é necessário escolher. E nessa hora, com quem você fecha?

Compartilho a decepção previsível com muitos dos aliados brancos antirracistas que até topariam escolher uma mulher negra se tivessem duas ou três possibilidades de voto. Mas, quando é preciso escolher um número só, não dá para ser de um preto ou uma preta. Especialmente para cargo majoritário, para o Executivo, que concentra mais poder. Aí já seria demais. Apesar de nenhum candidato ser perfeito, as qualidades do branco ganham força na mesma medida que os defeitos do negro. "Mas isso não tem nada a ver com racismo", deixam no ar ou afirmam explicitamente. Igualzinho aos racistas.

Nessa hora fica difícil investir nas alianças. Seguir acreditando que há mudanças importantes em curso e que construir pontes é essencial para transformações ainda mais profundas. Mas se o poder é branco e não há indícios de um levante negro totalmente independente e autônomo no horizonte, que outros caminhos restam? É preciso respirar fundo e seguir argumentando com vocês. Repetir que o racismo nos desumaniza a todas e todos. Que a democracia defendida por vocês não será completa enquanto a maior parte da população estiver alijada dela. Que não é pelas pessoas negras. Que é por vocês e pelo que estão deixando como legado. Já pensou que vergonha, neste 2020 de tanta postagem de tela preta no Instagram, com o aumento de candidaturas negras, com a decisão do STF, com a agenda Marielle Franco, seguirmos elegendo uma maioria de brancos?

Sua candidata ou candidato não negro merece seu voto, não tenho dúvida. Mas, neste 2020, você pode votar em candidaturas do movimento negro?

# Mais que denunciar o governo, cuidar das pessoas com sintomas de Covid

Publicado em 27/10/2020

Termômetro, antitérmico, cartilha de cuidados domésticos, chamadas por vídeo ou voz de uma a três vezes por dia — a depender da complexidade do caso —, oxímetro, atendimento médico e psicológico quando necessário. Trezentos e quarenta e sete pessoas com sintomas de Covid-19, de cinco territórios vulneráveis de São Paulo e região metropolitana, foram acompanhadas pelo projeto Agentes Populares de Saúde, da UNEafro Brasil e do Instituto de Referência Negra Peregum, entre abril e setembro de 2020. Uma entrou para a estatística de 157397 mortes notificadas por Covid-19 no Brasil até 25 de outubro.

Jorge Luiz Neves Pereira, negro, metalúrgico aposentado, aos 67 anos de idade começou a sentir cansaço, tosse seca, febre baixa e uma paralisia na perna. Sua filha Fabíola Carvalho é uma das coordenadoras da UNEafro e acionou a agente popular de saúde de São Bernardo do Campo, onde ele vivia. Por Jorge ter sérios problemas cardíacos, renais, e fazer hemodiálise havia dez anos, Fabíola foi orientada a levar o pai para o hospital. Inicialmente, foi descartada a infecção por coronavírus e Jorge ficou na ala verde, separada para pessoas sem suspeita ou confirmação de Covid-19. Cinco dias depois da internação, foi diagnosticada uma infecção pulmonar. Quatro dias depois, ao tentar visitar o pai, Fabíola foi informada de que ele havia sido transferido para outro hospital às pressas por provável infecção por coronavírus. A família não conseguia se comunicar com Jorge, nem recebia informações precisas do hospital. Treze dias depois da internação, Jorge foi entubado por complicações de Covid-19. Com quedas de pressão, não estava mais conseguindo fazer hemodiálise. Morreu dezenove dias depois de chegar ao hospital, no dia 3 de agosto. "Foi negligência em cima de negligência. Ele estava na fila do transplante de rim fazia cinco anos quando descobrimos que não estava realmente na fila. Fez dez anos de hemodiálise. Mas, mesmo com tudo isso, sinto que se ele tivesse sido tratado como paciente com Covid desde o início, poderia ter sido diferente", diz Fabíola. O caso evidencia as falhas de comunicação e a falta de transparência nos diagnósticos e nas condutas das equipes médicas com familiares responsáveis, frequentemente relatadas por pessoas negras, e agravadas durante a pandemia.

A violência institucional de um idoso ser internado sem acompanhante e sem poder falar com a família é uma realidade nos hospitais públicos que dificulta perceber situações de descaso e negligência, além de aumentar o sofrimento emocional. "Ainda que nada ou muito pouco possa ser feito sobre o quadro clínico de alguém, o cuidado e o amparo deveriam ser premissas inegociáveis de qualquer serviço de saúde", afirma Bruna Silveira, médica coordenadora do projeto. "As pessoas não deveriam temer os descasos, as negligências, as inadequações na comunicação e se sentir responsabilizadas por não conseguirem prever questões graves como essas em momentos de tanta vulnerabilidade. A dor pode ser inevitável, mas o sofrimento, nós temos o dever de aliviar."

Em luto pela morte de Jorge Luiz Neves Pereira, agentes populares de saúde, sanitaristas, médicas, psicólogas e educadoras da UNEafro fizeram uma primeira avaliação dos resultados do projeto. "Quando analisamos nossos dados em relação aos DA- TASUS, temos indicativos de que o projeto tem sido muito eficiente em suas ações de assistência", registra a versão preliminar de um relatório que será divulgado nas próximas semanas.

Do total de pessoas atendidas, 90% são da classe E; 49,72% são negras (26,86% pretas e 22,86% pardas), 0,29% indígenas, 31,14% brancas e 18,86% não declararam sua raça/cor de pele. "A taxa elevada de incidência do projeto pode ser explicada pelo trabalho das agentes populares de saúde na busca ativa de casos sintomáticos — modelo que se assemelha aos dos países que mais testam pessoas com sintomas", continua o relatório. "Trata-se, portanto, de uma população de maior vulnerabilidade social e racial que, no cenário nacional, costuma apresentar as maiores taxas de internação, agravo, mortalidade e letalidade, mas que, no projeto, apresenta taxas bem mais baixas. Os dados demonstram a eficiência da assistência personalizada e individualizada que promovemos nos territórios."

Nos casos de agravamento, quando a pessoa precisa ir ao hospital, o tempo médio de internação das pessoas acompanhadas pelo projeto também é mais baixo que a média nacional. Enquanto no DATASUS a taxa de internação entre abril e setembro variou entre 10% e 12%, com um pico de 30% no mês de julho, e o tempo médio de internação por Covid-19 é de 21 dias, a taxa de internação das pessoas acompanhadas pelo projeto é de 9,83% e o tempo médio de internação, de 10,01 dias. "A minha hipótese é que com o acompanhamento das agentes populares de saúde, a equipe médica, o uso dos oxímetros, há menos necessidade de internação de urgência. E com menos tempo de hospital, as chances de outras infecções causadas pela internação diminuem.

Infelizmente, infecção hospitalar é uma realidade do Brasil", explica o sanitarista do projeto, José Murakami.

O trabalho está cuidadosamente apresentado em cinco episódios de uma websérie e nos textos publicados no blog do projeto. Todo o material para a formação de agentes populares de saúde está disponível em vídeo e em três cartilhas ilustradas e escritas em linguagem popular no site do projeto, com o objetivo de apoiar coletivos, organizações e movimentos que queriam replicá-lo ou adaptá-lo em suas comunidades.

O dado assombroso de 157 mil mortes por Covid-19 no Brasil é ainda maior se for considerada a subnotificação. Há especialistas que calculam serem mais de 200 mil as pessoas mortas. O governo brasileiro tem responsabilidade direta por esse número de mortes. Já no mês de março, a #BolsonaroGenocida estava nos trending topics do Twitter. Em abril, relatores da ONU denunciaram o governo Bolsonaro por promover ações irresponsáveis, que colocam vidas em risco. Em agosto, a Coalizão Negra por Direitos protocolou um pedido de impeachment recheado de dados e evidências que mostram a negligência do presidente com a pandemia.

É muito importante que, além de denúncias, movimentos sociais e organizações do terceiro setor estejam promovendo ações de solidariedade à população mais vulnerável. O Instituto Marielle Franco e a Universidade Federal do ABC produziram mapas das práticas colaborativas de enfrentamento ao Covid-19. A maior parte delas, de arrecadação e distribuição de cesta básica, material de limpeza e higiene. Mas há também os agentes populares de saúde, compartilhando informação, prevenção e cuidado nas periferias brasileiras. A campanha Mãos Solidárias, de movimentos de Pernambuco, tem promovido a ação O Povo Cuidando do Povo, formando agentes populares de saúde dentre moradores da periferia de Recife em um primeiro momento, e agora em diferentes regiões de todo o país, para distribuírem informação sobre cuidados básicos de saúde, combate à Covid e saúde popular.

O Agentes Populares de Saúde da UNEafro, em parceria com rádios comunitárias, distribui informação em emissoras como Rádio Cantareira, Rádio Paraisópolis, Rádio Heliópolis e Rádio Comunitária Itaquera. Os mesmos áudios são divulgados nas ruas, em catorze carros de som que circulam por 21 territórios em São Paulo, Guarulhos, Mogi das Cruzes e São Bernardo do Campo. Nas próximas semanas, os carros serão substituídos por bicicletas de som. No Instagram, no Facebook e no Twitter, são divulgadas postagens com dicas de cuidados domésticos e naturais com quem tem sintomas de Covid.

# Quer entender o Brasil? Leia Lélia Gonzalez!

Publicado na revista *Elle*, em 27/10/2020

"[...] negro tem mais é que viver na miséria. Por quê? Ora, porque ele tem umas qualidades que não estão com nada: irresponsabilidade, incapacidade intelectual, criancice etc. e tal. Daí é natural que seja perseguido pela polícia, pois não gosta de trabalho, sabe? Se não trabalha é malandro, e se é malandro é ladrão. Logo, tem que ser preso, naturalmente. Menor negro só pode ser pivete ou trombadinha, pois filho de peixe, peixinho é. Mulher negra, naturalmente, é cozinheira, faxineira, servente, trocadora de ônibus ou prostituta. Basta a gente ler jornal, ouvir rádio e ver televisão. Eles não querem nada. Portanto têm mais é que ser favelados. Racismo? No Brasil? Quem foi que disse? Isso é coisa de americano. Aqui não tem diferença porque todo mundo é brasileiro acima de tudo, graças a Deus. Preto aqui é bem tratado, tem o mesmo direito que a gente tem. Tanto é que, quando se esforça, ele sobe na vida como qualquer um. Conheço um que é médico; educadíssimo, culto, elegante e com umas feições tão finas... Nem parece preto."

O trecho acima — se não fosse tão bem escrito — poderia ter sido publicado neste 2020 em perfis de redes sociais, comentários de grandes portais ou pronunciamentos públicos do alto escalão do governo. Atualíssimo. Mas foi escrito por Lélia Gonzalez, em 1982, no ensaio "Racismo e sexismo na cultura brasileira".

Em bom *pretuguês*, a antropóloga, filósofa, feminista e militante do movimento negro (que era também professora, tradutora e estudiosa da psicanálise) mobiliza jargões do senso comum para descortinar o discurso ideológico do racismo brasileiro a partir das noções de consciência e memória. Consciência como um saber de alienação e encobrimentos. Memória como as inscrições que permitem restituir uma verdade histórica que não foi escrita. "E, no que se refere à gente, à crioulada, a gente saca que a consciência faz tudo pra nossa história ser esquecida, tirada de cena. E apela pra tudo nesse sentido. Só que isso tá aí... e fala". E que poderosa a fala — e a escrita — de Lélia Gonzalez.

Não vou fingir que "Racismo e sexismo na cultura brasileira" não é meu texto preferido dessa pensadora brilhante. Já era o preferido quando comecei a ler Lélia, há pouco mais de dez anos. Era em 2018, quando foi publicado o primeiro livro que reunia artigos de Lélia Gonzalez, organizado pela União dos Coletivos Pan-Africanistas (UCPA). Era em 2019, quando pedi a autorização de seu filho Rubens Rufino para republicá-lo na coletânea *Vozes insurgentes de mulheres negras: Do século XVIII à primeira década do século XXI*. E continua sendo neste 2020, depois da leitura de *Por um feminismo afro-latino-americano: Ensaios, intervenções e diálogos*, organizado por Flavia Rios e Márcia Lima, publicado esta semana pela editora Zahar. E que prazeroso o aprendizado de reler Lélia, e a oportunidade de conhecer textos inéditos da autora.

Mas antes de compartilhar impressões desse lançamento, peço licença para contar duas memórias.

Era domingo. Vinte e dois de julho de 2018, pouco mais de quatro meses depois do assassinato de Marielle Franco. Mulheres e homens negros de todos os tons de pele lotavam o auditório do primeiro andar da Biblioteca Mário de Andrade, em São Paulo.

Enquanto esperava as falas iniciais do lançamento de *Lélia Gonzalez: Primavera para as rosas negras*, coletânea dos escritos de Lélia organizada pela UCPA, editada pela Diáspora Africana, eu observava o revestimento em madeira das paredes do auditório e me lembrava de Sueli Carneiro contando do dia em que ouviu Lélia Gonzalez pela primeira vez, exatamente naquela sala. Foi um momento de revelação para Sueli Carneiro. Enquanto Lélia Gonzalez positivava aquilo que estigmatizava mulheres negras, era como se colocasse tudo em uma perspectiva mais ampla. Aquilo que a jovem Sueli sentia, mas não estava organizado racionalmente, era vocalizado pela oradora brilhante que escancarava as opressões racistas, machistas e sexistas vivenciadas por um sujeito político que tinha lutas e horizonte político próprios: a mulher negra.

Foi marcante sentir o cheiro de novo do primeiro livro organizado com uma diversidade de textos de Lélia Gonzalez, tendo aquelas mesmas paredes como testemunhas. Depois, na experiência de ler impressos alguns dos textos que eu só havia acessado em formato PDF e conhecer pela primeira vez tantos outros, gostei de pensar que experimentava um pouco da sensação de descoberta narrada por Sueli Carneiro. A cada linha, Lélia descortinava opressões e oferecia uma interpretação singular sobre o Brasil.

Minha alegria primeira ao saber que uma nova coletânea de escritos de Lélia Gonzalez seria lançada esta semana foi por imaginar uma progressão geométrica de outras meninas, jovens e mulheres negras devorando esses escritos pela primeira vez. Sementes de Lélias e Suelis impressas em offset sobre papel Pólen Soft. Diferentemente do trabalho cuidadoso, mas de circulação restrita da UCPA, *Por um feminismo afro-latino-ame-*

*ricano: Ensaios, intervenções e diálogos*, distribuído pela Zahar, editora de circulação nacional, permitirá momentos de revelação em escala.

Mas a leitura desse lançamento trouxe muitas outras alegrias. Flavia Rios estuda a memória do feminismo negro brasileiro há quase duas décadas e é coautora, com Alex Ratts, de um livro sobre Lélia. Márcia Lima foi aluna de Carlos Hasenbalg, parceiro intelectual próximo de Lélia Gonzalez, e é das pesquisadoras mais rigorosas e comprometidas da sociologia brasileira. Uma obra organizada por ambas apresenta ainda mais camadas de informação aos textos já tão ricamente compostos por Lélia. Pela divisão entre ensaios, intervenções e diálogos, além de um apêndice sobre Lacan, já é possível perceber a diversidade de gêneros e propósitos da produção intelectual e política de Lélia Gonzalez.

Além dos bastante citados e amplamente republicados "A categoria político-cultural de amefricanidade", de 1988; "A mulher negra na sociedade brasileira: Uma abordagem político-econômica", de 1982; "Racismo e sexismo na cultura brasileira", também de 1982; e do próprio "Por um feminismo afro-latino-americano", de 1988; nessa nova edição temos acesso pela primeira vez a trabalhos que ainda não haviam sido traduzidos no Brasil, como "O apoio brasileiro à causa da Namíbia: Dificuldades e possibilidades", publicado em 1983; ou "O Movimento Negro Unificado: Um novo estágio na mobilização política negra", de 1985.

Racismo. Democracia racial. Sexismo. Quilombo. Democracia. Candomblé. Movimento negro. Feminismo. Cultura. Linguagem. África. América Latina. E mais. A multiplicidade de temas tratados em profundidade por Lélia Gonzalez possibilita que a leitura de seus textos configure um curso do pensamento social brasileiro. Para ativistas e militantes que precisam aprimorar estratégias de luta, há detalhes de como foi organizado o movimento de mulheres negras no Rio de Janeiro, no Brasil e na América Latina; o movimento de mulheres faveladas e periféricas; o movimento negro contemporâneo a partir do MNU.

Sobre pessoas brancas antirracistas, ainda hoje chamadas por alguns setores do movimento negro de aliadas, Lélia Gonzalez falou em uma de suas intervenções, em 1986, durante um debate na Universidade de Brasília (UnB), publicada como "A cidadania e a questão étnica". Mesma ocasião em que podemos confirmar seu compromisso político materializado em uma práxis que não se limitava à produção teórica desconectada da ação política: "Puxando o gancho, jogo um confete em cima do Carlos [Hasenbalg], que é o meu coautor predileto, porque escrevemos um livro juntos — a questão, por exemplo, do censo de 1980. Foi efetivamente uma conquista do movimento negro. No Rio de Janeiro, nos articulamos, pressionamos o presidente do IBGE para que entrasse de novo o item cor. Nessa luta tivemos os nossos aliados, porque temos que ter mesmo, e nossos aliados estão aqui representados pela figura de Carlos Hasenbalg, que justamente na Associação Nacional de Pós-Graduação e Pesquisa em Ciências Sociais (Anpocs) de 1979, em Belo Horizonte, puxou a questão junto à intelectualidade brasileira, no sentido de que um abaixo-assinado fosse enviado ao presidente do IBGE. A partir dessa conjunção de forças conseguimos, mas não de maneira satisfatória, e certamente Carlos Hasenbalg deverá colocar também a questão da inserção, de novo, do item cor em termos do censo brasileiro". Em 1970, o regime militar havia retirado a pergunta sobre cor de pele do censo. Exatamente como os censos de 1900 e 1920, no pós-abolição. Estratégia dos governos autoritários para esconder a maioria negra do país. No atual momento político, agora que somos 56,10% da população, fica o alerta para garantir a continuidade da pergunta importante nos próximos censos.

Mas, mesmo nesses dias difíceis, há motivos para ter esperança, como a recente criação da Assembleia Constituinte no Chile. Em celebração, destaco trecho de outra intervenção de Lélia, de 1987, publicada como "Discurso na Constituinte": "Nós não estamos aqui brincando de fazer Constituição. Não queremos essa lei abstrata e geral que, de repente, reproduz aquela história de que no Brasil não existe racismo porque o negro conhece o seu lugar. Nós queremos, efetivamente, que a lei crie estímulos fiscais para que a sociedade civil e o Estado tomem medidas concretas de significação compensatória, a fim de implementar aos brasileiros de ascendência africana o direito à isonomia nos setores de trabalho, remuneração, educação, justiça, moradia, saúde e por aí afora".

Por ser a Constituinte do Chile a primeira da história com paridade de gênero, vale atentar para a continuidade do discurso de Lélia Gonzalez: "Gente, nós não somos iguais perante essa lei, absolutamente, tanto que o sacrifício que fizemos para chegar aqui, nós que somos a maioria da população brasileira, por que não está cheio de negros aqui? Por que essa Constituinte é tão plena de brancos e tem apenas uns gatinhos-pingados de negro? Vamos refletir a respeito disso, e termos a seriedade de levar a fundo a questão de construir uma sociedade nova, uma Constituição que garanta o princípio da isonomia, senão, malandro, é a velha heteronomia que nós já conhecemos desde 1500". Heteronomia e desigualdades que, infelizmente, seguiram e se aprofundaram no Brasil depois de 1988.

No livro, há ainda textos sobre eleições e a importância da participação negra na política institucional brasileira, com menções emocionantes ao encontro do movimento negro com o movimento de favelas nas eleições de 1982, no Rio de Janeiro, sintetizadas na campanha conjunta de Lélia Gonzalez com Jurema Batista e Benedita da Silva.

Se você não é negra ou negro, não é porque me dirigi pouco a você nesta resenha que o livro de Lélia Gonzalez não é para você. "Como foi dito hoje, a questão do negro, a questão do índio ou a questão da mulher não são questões só nossas especificamente, e sim da sociedade brasileira, de todos nós", interveio Lélia em 1986. Concordo integralmente com ela, confiando também que seu antirracismo vai ser manifestado na urna, no próximo 15 de novembro. Pode até levar o livro para te acompanhar na cabine de votação. É sobre todas e todos nós.

# Escrever para desafogar

Publicado em ECOA-UOL, em 6/11/2020

O que você faz quando a dor sufoca? Quando a raiva arde? Quando vê servidores públicos — que deveriam trabalhar pela justiça — humilhando uma mulher que foi estuprada? Quando atualiza os números das mortes notificadas por Covid-19 no Brasil e se depara com 161779 pessoas? Quando acompanha as notícias de que o Ministério Público apresenta provas e mais provas das rachadinhas de Flávio Bolsonaro, mas sabe que o pai dele, além das ligações com as milícias, é presidente da República e fará o impensável para proteger o filho? Quando, dois anos e oito meses depois, ainda não temos o resultado das investigações de quem mandou matar Marielle? Quando enterra uma amiga que cuidava sozinha do filho de doze anos de idade?

Eu escrevo.

Mas não com distanciamento, interpretação ou análise. Transbordo palavras no papel ou na tela, como se ninguém fosse ler. E depois, na revisão, vou ajustando as repetições, aumentando os exageros e percebendo, na primeira pessoa, a "escrita de si" de que tratei em minha tese de doutorado como a "formulação estética da própria existência e trabalho de memória, que possibilita a constituição de subjetividades e sujeitos coletivos que permitem escapar aos processos de subjugação do dispositivo de racialidade e do biopoder".

Cada palavra dessas é praticamente um capítulo da tese *A escrita de si de mulheres negras: Memória e resistência ao racismo*, que defendi no Programa de Pós-Graduação em Ciência da Informação da Escola de Comunicações e Artes da Universidade de São Paulo, sob orientação de Marco Antonio de Almeida, que, não sei por que motivo, ainda não está disponível no banco de teses da USP. Mas tomo a liberdade de destacar nesse texto aspectos do "trabalho de memória". Porque lembrar é também cuidar da dor que sinto nestes dias. Dor que não é só minha.

Com Tiganá Santana aprendi que "a memória viceja no tempo presente — eis onde vige o ancestral, como *ntima*, mesmo termo kikongo para coração". Assim como na origem do latim (em que saber de memória é saber *de cor*, de coração). A memória é encarnada pelo que pulsa. "E tudo, como estamos a ver, vibra a anterioridade, o presente, o devir. Tudo vibra memória — linha de força que reúne as temporalidades possíveis." E essa explicação apresentada na tese de doutorado de Tiganá, *A cosmologia africana dos Bantu-Kongo por Bunseki Fu-Kiau: Tradução negra, reflexões e diálogos a partir do Brasil*, de 2019, está preservada em casas de candomblé.

Tata Mutá Imê, sacerdote do candomblé bakongo, nação angola, do Nzó Mutà Lombô ye Kaiongo e a Casa dos Olhos do Tempo, em Salvador, Bahia, me disse: "Memória só pode ser vivida com o *mutuê* (cabeça), falada e sentida com a *muxima* (coração)". Assim, ainda que o trabalho de lembrar seja racional, a partilha da memória, pela linguagem, passa pelo que se sente em relação ao lembrar. "Cabeça não fala, minha filha, ela foi feita pra pensar, vê a direção com tempo, no tempo, para Tempo. Velocidade, ação determinação. Nós, bantus, falamos com o coração, que nos guia, dirigindo o caminho para a estrada. Só assim podemos voltar da estrada para o caminho e vice-versa. Cabeça foi feita pra trazer as memórias que se registra através do coração".

Memória é definida como um trabalho sobre o tempo vivido — convocado no tempo presente tanto pelo indivíduo como pela cultura —, por Ecléa Bosi, autora de *Memória e sociedade: Lembranças de velhos* e professora no Instituto de Psicologia da USP até sua morte, em 2017. Segundo Ecléa, memória não diz respeito a um repositório de lembranças a que recorremos, mas da atividade de lembrar: organizar fragmentos de um cabedal infinito de possibilidades. Pela memória, o passado se mistura às percepções imediatas e também as desloca, com força subjetiva, profunda e ativa.

Na psicologia, o trabalho de memória é também uma tentativa de elaboração simbólica de traumas. Em *Lembrar escrever esquecer*, Jeanne Marie Gagnebin articula escritos de diversos autores ao afirmar como o exercício da memória está a serviço do presente. "Nietzsche, Freud, Adorno e Ricoeur, cada um no seu contexto específico, defendem um lembrar ativo: um trabalho de elaboração e de luto em relação ao passado, realizado por meio de um esforço de compreensão e de iluminação [do alemão *Aufklärung*] — do passado e, também, do presente. Um trabalho que, certamente, lembra dos mortos, por piedade e fidelidade, mas também por amor e atenção aos vivos". Grada Kilomba, ao conceituar a experiência do racismo como traumática, afirma que escrever é uma maneira de ressuscitar experiências coletivas traumáticas para lidar com elas de forma adequada.

Dentre tantas possibilidades, escrever memórias, portanto, pode ajudar a desafogar o peito, direcionar a raiva, denunciar abusos, honrar nossos mortos. Você já tentou? O momento convida.

# Cara pessoa branca, você consegue não estar sempre no centro?

Publicado na revista *Cult*, em 9/11/2020

Participei de uma roda de conversa sobre mulheres negras e literatura em João Pessoa, no mês de outubro. Organizávamos as cadeiras, quando uma mulher branca mostrou que perto da janela ficaríamos mais confortáveis. Tudo ótimo até ali, menos o tom. "Viu como aqui é muito melhor?", sorriu com benevolência, performando a superioridade que parecia sentir.

Ela estava ali para gravar depoimentos em áudio. Garantir que nos dariam voz. Afinal, o que seria de nós, mulheres negras, se as pessoas brancas não nos dessem voz? Ela precisava gravar cada uma, sem perder nada. Nossa roda era tão importante! Pegou uma cadeira giratória, a única dentre as de plástico duro, e colocou no centro. Girava, animada, preparando o gravador. Até que, em um lapso de razão, explicou: estou aqui não para falar, mas para ouvir e gravar. Do centro.

Já sem paciência, pedi por favor para que se integrasse ao círculo. Era impossível enxergar todas as mulheres, objetivo principal da roda, com ela no meio. Boquiaberta e com o cenho franzido de quem-só-estava-ali-para-ajudar-e-era-incompreendida, tirou a cadeira do centro e, de pé, passou a levar o gravador de boca a boca. Pelo meio da roda, é evidente. Parando bem na frente de quem estava com a palavra. Demorou a perceber que podia ir para trás de cada uma das mulheres, não era necessário ficar à frente. Depois de muitos pedidos, abriu mão de segurar o gravador e aceitou que cada uma, ao falar, segurasse o trambolho. Contrariada, sentada em uma das cadeiras que compunham o círculo sem muitas hierarquias, gesticulava e fazia caretas cada vez que uma de nós segurava o gravador de forma imprecisa, porque, para ela, existia um único jeito correto de fazer aquilo, e nós não o conhecíamos. Ela não poupava movimentos para que todas percebêssemos a dificuldade em ajudar mulheres negras, mesmo com tanta boa vontade. O tal registro captou discursos. A partilha mesmo começou quando saiu o gravador. E, mesmo sem ele ali, demorei a me conectar ao momento. A branquitude ganhara, mais uma vez, o foco da minha atenção. Respira, é assim mesmo, respira, aproveita, respira, ela não está mais aqui, respira, você convive com isso o tempo todo e já sabe lidar, respira. Aqui, você, pessoa branca que me lê, deve estar pensando que a mulher era sem noção e que, não necessariamente, a postura descrita tem a ver com o fato de ela ser branca. E você pode ter razão. Mas lembre-se daquela vez, quando você abordou uma pessoa negra como se ela fosse a faxineira, a atendente, a que estava ali para servir, e ela não estava. Isso pode ter acontecido ao ver uma pessoa branca que te pareceu pobre também, eu sei, em outro texto podemos conversar sobre interseccionalidade para compreender melhor as relações entre raça, classe, gênero etc. Mas, agora, peguemos os exemplos com pessoas negras. De como o branco é o seu padrão de normalidade, então ele pode ocupar qualquer espaço. No nosso imaginário social, às pessoas negras somente alguns lugares estão reservados. Os de subalternidade, servidão, carência, falta de capacidade. Pense nas vezes em que você não sabia como agir dentre pessoas negras que ocupavam lugar de poder. De quando se colocou na posição de ensinar ou ajudar quem não precisava da sua ajuda, ou elogiou exageradamente uma mulher negra por sua inteligência ou beleza. É sobre isso que estou falando, e a mulher do gravador me pareceu uma metáfora adequada. Mas vamos voltar àquela roda. Depois de muito respirar, percebi as outras mulheres brancas que participavam conosco. Das vinte, umas cinco eram brancas. Sentadas lado a lado, não no centro. Ouvindo. Contribuindo com palavras respeitosas, sem caridade, nem acusação. Mulheres brancas que pareciam saber como seus corpos são também racializados. Sentadas ali, integradas, buscavam compreender a importância de uma literatura feminista e antirracista. Com a gente. Não nos ajudando caridosamente. Não fazendo por nós. Não questionando cada uma das nossas frases. Não manifestando estrimiliques nos momentos mais difíceis da conversa. Sem concordar por piedade. Elas participavam da roda, sabendo que vivenciavam a literatura, as relações, o mundo de forma diferente de como o fazem as mulheres negras. Falando a partir de sua perspectiva. E, principalmente, silenciando para ouvir mais pontos de vista.

Aquelas eram pessoas brancas que conseguiam, ao menos ali, se deslocar do centro.

E muitas conseguem. Ufa! Poderia citar muitos exemplos. Mas trago de um congresso em Campina Grande, também na Paraíba, o relato de um professor do Sul, da área de psicologia social, que contava nunca ter lidado com as questões raciais até aquele momento, quando aprendia muito com seu orientando negro, e defendia a importância de docentes abraçarem as pesquisas que não têm especialistas em seus departamentos. Se há pouca gente pesquisando gênero e raça, por exemplo, nas universidades Brasil afora, como essa juventude, ávida por gerar um conhecimento tão necessário, vai fazer? Sem a solidariedade e o deslocamento de docentes comprometidos, não só com seu nicho tão específico de pesquisa, mas também com a transformação social? Pessoas brancas, cis, hétero, ricas são muito necessárias para que narrativas diversas sejam amplificadas. Na academia, na literatura, nos governos, nos movimentos sociais, no terceiro setor, em todo lugar. Mas não ocupando o centro. Você consegue?

2021

# Que mortalha poderá cobrir 210 mil corpos?

Publicado na revista *Gama*, em 20/1/2021

> *A pandemia de Covid-19 atingiu números alarmantes de mortes e saturação do sistema público de saúde. Além da alta letalidade da doença, a inobservância do Estado aos protocolos de contenção do avanço do vírus divulgados por órgãos internacionais de saúde contribuiu para esse quadro. Um dos episódios emblemáticos dessa postura governamental foi a defesa do chamado tratamento precoce por representantes e órgãos do governo. A medida que envolvia a prescrição de um conjunto de medicamentos, como hidroxicloroquina, azitromicina e ivermectina, para evitar que os casos de Covid evoluíssem para quadros graves, não tinha validação científica.*

As palavras da escritora ruandesa Scholastique Mukasonga nas páginas iniciais de *A mulher de pés descalços* têm ressoado por aqui:

"Mãezinha, eu não estava lá para cobrir o seu corpo, e tenho apenas palavras — palavras de uma língua que você não entendia — para realizar aquilo que você me pediu. Estou sozinha com minhas pobres palavras e com minhas frases, na página do caderno, tecendo e retecendo a mortalha do seu corpo ausente."

Uma das únicas sobreviventes de sua família ao genocídio dos tútsi em Ruanda, Mukasonga começa o livro contando que sua mãe pedia às filhas, insistentemente, que cobrissem seu corpo depois de morta. "Não cobri o corpo da minha mãe com o seu pano. Não havia ninguém lá para cobri-lo. Os assassinos puderam ficar um bom tempo diante do cadáver mutilado por facões. As hienas e os cachorros, embriagados de sangue humano, alimentaram-se com a carne dela. Os pobres restos de minha mãe se perderam na vala comum do genocídio, e talvez hoje, mas isso não saberia dizer, eles sejam, na confusão de um ossuário, apenas osso sobre osso e crânio sobre crânio." Valas comuns, como as de Manaus, onde têm sido despejados os corpos das pessoas deixadas morrer por Covid-19. Deixadas morrer, nos termos foucaultianos, como uma das formas de quem ocupa o poder executar sua política de morte. Além de o Estado brasileiro matar corpos indesejáveis à bala, a biopolítica (ou necropolítica para Mbembe) também diz respeito a deixar morrer os chamados Outros: negros, indígenas, pobres. Do Amazonas, assim como de Santa Catarina, brancos ricos podem embarcar em aviões particulares com destino a hospitais privados em São Paulo em busca de tratamento. Ainda assim, a morte tem alcançado muitos deles.

Engana-se quem pensa que 210 mil mortes, a maior parte delas evitáveis, são fruto de incompetência. O número é resultado de uma intenção política. O projeto é de morte, não de vida. Para a população negra e indígena essa não é uma novidade do governo Bolsonaro. Desde pelo menos 1888, a intenção e a política pública mais efetivas do Estado brasileiro para a população negra é o genocídio, a eliminação dos considerados indesejáveis.

Sueli Carneiro, em diálogo com Foucault, nos apresenta a noção de dispositivo de racialidade: um conjunto de normas, instituições, ditos e não ditos que produzem nas relações raciais o Ser (hegemônico, branco) e o Outro, que está sob o signo da morte. Na tese *A construção do outro como não-ser como fundamento do ser*, defendida em 2005 na Faculdade de Educação da USP, Sueli Carneiro explica: "É a composição do dispositivo de racialidade com o biopoder que se torna pois como propomos nesta tese mecanismo de produção de dupla consequência: promoção do vitalismo dos brancos e multicídios de negros na esfera do biopoder. Sob a égide do dispositivo de racialidade afigura-se a inclusão prioritária e majoritária nas esferas de reprodução da vida dos racialmente eleitos, e, ao mesmo tempo, a inclusão subordinada e minoritária de negros, eventualmente sobreviventes das tecnologias do biopoder".

A ação de matar e a omissão do Estado em deixar morrer são tolerados pela sociedade brasileira tanto na naturalização dos assassinatos e desaparecimentos de jovens negros quanto na ausência de políticas de saúde para negros e pobres. E agora, com mais de 210 mil mortes, sem oxigênio, sem vacina para toda a população, com o engodo de um tratamento precoce que não existe, setores médios e brancos estão conhecendo a potência genocida desse governo.

Como perguntou Scholastique Mukasonga no sonho que encerra *A mulher dos pés descalços*: "Você tem um pano grande suficiente para cobrir todos eles... para cobrir todos... todos...?".

# Distinções necessárias

Publicado na revista *Gama*, 14/4/2021

Nem toda campanha de combate à fome é igual. Há as que distribuem comida para manter subjugados os de baixo e enriquecer os intermediários. Há as que distribuem formação política insurgente junto com a cesta básica e a sacola de alimentos agroecológicos produzidos por quem desafia o agronegócio. Campanhas dos dois tipos dão de comer, mas o que intencionam construir a médio prazo é bastante diferente. Recomendo a leitura da agenda política da Coalizão Negra por Direitos, uma das promotoras da campanha "Tem gente com fome" para compreender melhor as campanhas emergenciais que estão a serviço da promoção da vida no hoje sem perder de vista a transformação política futura.

Então os movimentos nas favelas não são todos a mesma coisa? Não, não são.

Estamos no outono, um bom período para manejar espécies consideradas daninhas e proteger as sementes que queremos ver brotar na primavera. Aqui na serra da Mantiqueira, de onde escrevo, é tempo do defeso do pinhão. Neste início de estação, as sementes da araucária começam a cair e é muito importante deixar que se misturem ao solo, gerando novas mudas. Não se pode, até a metade do mês de abril, coletar o pinhão para consumo, sob o risco de extinção das araucárias. É preciso discernir os tempos da vida e saber quando plantar e quando colher. Mas no acelerado dos dias e das redes, parece haver pouco tempo para as distinções necessárias. Sejam elas explícitas ou sutis. Toda pessoa negra que se propõe a distribuir comida na favela parece ter a mesma credibilidade. Toda ação política de mulher negra, em qualquer tempo ou formulação teórica, parece caber na noção de feminismo negro, como bem explicou Cidinha da Silva, um entendimento contemporâneo aqui no Brasil, construído nas plataformas digitais.

Li o ensaio de Cidinha da Silva "Movimento de Mulheres Negras e feminismo negro no Brasil: Uma memória", publicado na série *Pandemia* da N-1 Edições (2020), como uma ode às distinções. Dos escritos de Lélia Gonzalez da década de 1970, passando pelos históricos encontros nacionais, desde 1988, chegando à Marcha de 2015, há uma constante na escolha do nome "Mulheres Negras", um sujeito político forjado coletivamente, a partir de Lélia, pelos coletivos, organizações, movimentos e ativistas-intelectuais como Luiza Bairros, Sueli Carneiro e Jurema Werneck. "Não se falava em feminismo negro, pelo menos eu não ouvi", afirma Cidinha.

"Essa distinção era tensa. Parecia haver um entendimento de que a expressão Movimento de Mulheres Negras poderia abarcar mais mulheres de origem popular e camponesa, trabalhadoras domésticas e outras categorias profissionais de menor remuneração, nas quais as mulheres negras abundavam. A expressão Movimento Feminista, por sua vez, tinha cara e tom mais europeizados e intelectualizados. Havia também a distinção de Mulheres e Movimento Feminista", nos conta Cidinha da Silva sobre as décadas de 1980 e 1990. Páginas adiante, ao lembrar os anos 2000 e 2010, Cidinha afirma: "Parece-me que o ingresso significativo de mulheres negras politicamente posicionadas nos programas de pós-graduação das universidades brasileiras — também como docentes — foi um fator significativo. Penso que nesse processo foi robustecida a ideia de um feminismo negro pela necessidade de produzir uma teoria feminista negra no Brasil, uma abordagem epistemológica que contemplasse essas intelectuais emergentes".

Para inspirar as distinções necessárias, há o belíssimo "De ialodês e feministas: Reflexões sobre a ação política das mulheres negras na América Latina e Caribe", de Jurema Werneck. Jurema nos conta de Oxum, orixá feminino de origem nagô, que tem uma de suas expressões na ialodê: "[...] representante das mulheres, a alguns tipos de mulheres emblemáticas, lideranças políticas femininas de ação fundamentalmente urbana". Depois de narrar uma das histórias de Oxum, Jurema nos mostra quantas dimensões de luta, posições, agenciamentos, transformações, responsabilidades, riqueza, poder há na vivência de mulheres negras brasileiras. "Fala de Oxum, a ialodê primordial, segundo a tradição. A orixá marcada pela sensualidade, pela força de vontade e capacidade de realização. E celebra a figura das ialodês, mulheres que se colocam como agentes políticos de mudança, detentoras principais das riquezas conquistadas." A dimensão ativista de mulheres negras, portanto, vem de muito longe. "O feminismo, como teoria, veio depois."

É urgente criar o novo. Agir. Mas, sem as distinções necessárias, repetiremos percursos sem criticidade, com o elevado risco de cometer os mesmos erros que nos trouxeram aqui. Fica o conselho bem escrito por Cidinha da Silva: "Compreender, por meio do estudo, da pesquisa, do diálogo com as mais velhas, que muito pouco se inventa da roda. Ela já foi inventada há muito tempo. Podem existir novas formas de colocá-la para rodar".

# Carta às crianças Marcelino

Publicado na revista *Gama*, 9/6/2021

Rafaella, Raphael e Rayssa,

Nenhuma criança deveria enterrar o próprio pai. Muito menos por complicações de uma doença para a qual já existe vacina. Quando o pai se dedicou tanto a apoiar pessoas com fome e com sintomas de Covid, então... É muito terrível!

Escrevo para dar o abraço apertado que não posso dar pessoalmente em vocês três. E para repetir aquilo que tenho falado para a mãe de vocês todos os dias: estamos com vocês! Além da força de Luana, essa mãe maravilhosa, vocês estarão sempre cuidados pelas irmãs mais velhas, Raquel e Rebeca, pelo cunhado, pelas tias e tios, pelos avós, pela comunidade do Pagode da Disciplina, pela UNEafro Brasil, pelo Peregum. A gente acredita que cada criança precisa de uma aldeia toda! E vocês podem ter certeza de que somos muitas e muitos com vocês.

Semana passada, quando estive com a mãe de vocês no hospital, ela me contou como foi tentar contar para vocês a gravidade do estado de saúde do Thiago. Choramos com o que você disse pra ela, Rafa: "Mãe, a tia Lê cuida das pessoas e todo mundo fica bem. Ela está cuidando do meu pai, ele vai ficar bom. Se acalma, mãe". Nosso choro tinha o desejo de concordar com você. Mas a gente sabia que, apesar de todo o cuidado da tia Leticia, das doutoras Bruna e Gladys, dos profissionais do SUS que cuidaram tão bem dele no hospital, a situação era difícil. Thiago chegou com dificuldade de respirar e saturação baixa no hospital, o que tia Lê percebeu rapidamente. Recebeu oxigênio, depois precisou ser entubado, e quando estava respirando bem de novo os médicos perceberam que ele tinha tido um derrame grave. Foi reanimado de uma parada cardíaca. E depois muitos órgãos foram se despedindo.

"Meus filhos, Bia... Eu não sei o que preciso fazer", sua mãe desabafava. Porque ela sabe o tamanho do amor que unia vocês três ao Thiago, e também como era única a relação de cada um de vocês com ele. Ela sabe que vai estar ao lado de vocês para tudo, mas que essa ausência vai marcar vocês para sempre.

Meu pai morreu quando eu tinha onze anos, a idade do Rafa, o do meio de vocês três. Foi um mês antes de eu completar doze anos. Ele passou quinze dias no hospital, não por Covid, mas por um tiro. A dor e a raiva que carrego ao longo desses anos, queria muito que nenhuma criança sentisse. E por isso a gente se organiza como movimento negro, exige o impeachment do presidente que dissemina a morte, denuncia o Brasil internacionalmente. Precisamos interromper o genocídio negro. E sentimos muito, muito mesmo, que nada do que a gente fez tenha sido suficiente para proteger o Thiago. Nem para proteger vocês três da dor imensa de perder o pai ainda na infância.

Chorem tudo o que vocês precisarem chorar, amores. Vocês não precisam ser fortes. Tem muito adulto ao redor pra cuidar da Luana e de vocês enquanto sentirem essa dor.

Vocês não estão nem estarão sozinhos!

E vai chegar o dia em que as crianças negras vão poder crescer cuidadas pelo pai.

Com todo o amor, e abraços muito apertados,

Tia Bia

# Doença de sobreviver

Publicado na revista *Gama*, 7/7/2021

Esta semana, uma amiga que estuda aiurveda — medicina tradicional indiana — me perguntou se eu poderia ser uma de suas cobaias: a partir de uma consulta inicial ela me levaria como um caso a ser analisado por seu grupo.

— Vamos lá.

— Me conta a sua história de vida.

— Inteira?

— Do ponto que parecer importante.

Minha própria surpresa com a pergunta me espantou. Eu mesma já comecei entrevistas assim, sob orientação da falecida professora Ecléa Bosi, do Instituto de Psicologia da USP, em uma disciplina de pós-graduação chamada Cultura e Memória Social: a História Oral. No curso, Ecléa propunha que ouvíssemos os testemunhos de pessoas velhas, trabalhadoras e trabalhadores manuais, e depois produzíssemos ensaios ressaltando o que havia de memória coletiva e social nas narrativas individuais. Receber ensinamentos de Ecléa foi imenso. Tanto quanto entrevistar minha tia Guida, costureira, e a partir da vida dela contar de festas populares do interior de São Paulo, da migração rural-urbana na metade do século 20 e tanto mais.

Na primeira entrevista com Sueli Carneiro para *Continuo preta*, que publiquei recentemente, pedi à Sueli que me contasse sua vida.

— Só isso?

Ao ouvir a história de vida de Sueli Carneiro, ouvi parte da história da minha vó, partes da minha mãe, e também minha. Ouvi memórias coletivas do Movimento de Mulheres Negras, do movimento negro, desses tempos de Brasil. Sueli Carneiro é testemunho, mas também porta-voz, como me disse em 2017, e sobrevivente. O genocídio negro, em curso desde pelo menos 1888, faz de pessoas negras sobreviventes neste país. Assim como já eram sobreviventes os mais diversos povos indígenas. Mas neste 2021, não negros e não indígenas são também sobreviventes de políticas genocidas que, durante a pandemia, já abandonaram mais de 527 mil pessoas à morte.

Ser sobrevivente não traz só alívio. Há muito pesar em enterrar nossos entes queridos e também desconhecidos que ainda teriam tanto a viver, amar e reclamar. De algum modo, fica em mim a sensação de que somos também cúmplices. Estamos aqui assistindo, enquanto acreditamos estar fazendo tudo o que é possível.

"Aquela é a Ecléa Bosi. Ecléa não toma aspirina porque a Bayer se comprometeu com os campos de concentração nazista", ouviu Marilena Chaui quando viu Ecléa pela primeira vez, em 1967. Em uma palestra de homenagem à amiga, em 2006, Marilena afirmou: "Isso para mim definiu para sempre a Ecléa. Da recusa da aspirina, ontem, à luta contra as usinas nucleares, hoje, ela é capaz de atitudes e gestos que, enquanto tais, não mudam o mundo e, no entanto, exigem uma mudança completa de nossa relação com o mundo".

Que gestos e atitudes nos permitem afirmar que somos resistência, em vez de cúmplices, a tantas mortes? Por Covid, por fome, por bala?

Pelo pouco que entendi da aiurveda, nossas experiências e como as percebemos ficam no nosso corpo e podem gerar desequilíbrios e doenças. Individuais, é evidente. Mas também coletivas e sociais. E quando olho para dentro, converso com quem está perto e tento apreender o todo, é óbvio que estamos bastante doentes, em tantos níveis.

Como contar a história de vida ao sobreviver?

# Para o pessoal das pautas identitárias

Publicado na revista *Gama*, em 4/8/2021

Ninguém aguenta mais vocês ignorarem os problemas urgentes do país para focar em questões específicas, de minorias. Já deu. É necessário vacinar toda a população, acabar com a fome que voltou ao Brasil, interromper o genocídio negro, indígena, o feminicídio, a lgbtqiamaisfobia, a destruição das águas e das florestas. Não dá mais para vocês ignorarem que há um grupo social menos vacinado, o mesmo que mais morreu por Covid; fingirem que a fome se distribui igualmente entre pessoas de diferentes cor de pele e CEP. O racismo estrutura todas as desigualdades do país. E todo mundo já sabe que com racismo não há democracia. Entendeu que não cabe mais seguir nas questões específicas sempre? Beneficiando uma mesma minoria?

Vamos parar de conversinha, então, e criar políticas efetivas que beneficiem a maior parte da população brasileira. Já que a Lei Áurea aboliu a escravidão apenas no papel e que o racismo cuidou de manter a mesma estrutura social no Brasil desde 1888, passou da hora de enfrentarmos nosso principal problema coletivo e garantir que toda a população brasileira, negra em sua maioria, tenha acesso a direitos. Chega de querer agradar banqueiro com um discurso econômico que pouca gente entende — de que praticamente ninguém se beneficia. É preciso fazer valer a Constituição de 1988, sem mais mimimi. Vocês deveriam se envergonhar de colocar a pauta identitária como única prioridade eleitoral também. Uma ginástica danada para eleger homem hétero cis branco... o tempo todo... fingindo ser outra coisa? Reforma eleitoral para exigir voto impresso, acabar com voto de legenda e ainda limitar o percentual de cota para candidaturas de mulheres? Sem nem considerar recorte racial? É muito dinheiro público e energia gasta com o único objetivo de concentrar o poder na mesma minoria de sempre.

2022

# Alcântara é quilombola

Publicado na *Folha de S. Paulo*, em 6/1/2022

A batalha para proteger 792 famílias quilombolas em Alcântara, no Maranhão, protagonizada há mais de quarenta anos pelos próprios quilombolas, informa como o movimento negro tem barrado desmandos, mesmo neste governo. Em março de 2019, Bolsonaro e Trump assinaram o acordo para ampliar o Centro de Lançamento de Alcântara: os Estados Unidos finalmente poderiam lançar satélites e foguetes de uma das bases mais bem posicionadas do mundo, atropelando a soberania prevista em nossa Constituição. Em 2011 Wikileaks revelou um telegrama do Departamento de Estado americano à embaixada da Ucrânia em Brasília que mencionava "uma antiga política de não 'encorajar' as tentativas do Brasil de desenvolver um foguete sozinho".

A Câmara Federal aprovou o acordo em regime de urgência, violando a Convenção 169 da Organização Internacional do Trabalho (OIT), que determina consulta prévia, livre e informada às comunidades tradicionais sobre medidas que afetem seus territórios e modos de vida. O Senado validou. Notas técnicas, reuniões, tuitaço não foram suficientes para sensibilizar parlamentares brasileiros.

Mas, se uma ideia equivocada de desenvolvimento extrapola fronteiras, a resistência a ela também é internacional. Além de denunciar as violações à ONU, o Movimento dos Atingidos pela Base Espacial de Alcântara enviou uma carta ao Congresso americano, subscrita por cerca de cinquenta entidades da sociedade civil, do sistema de justiça e do movimento negro. Em apoio, a Coalizão Negra por Direitos foi a Washington sensibilizar parlamentares negros. O senador Hank Johnson se posicionou no plenário, convocando mais congressistas contra retiradas forçadas e ataques racistas. Em outubro, a comissão do Senado americano responsável pelo orçamento público determinou que não se destinem recursos à remoção de comunidades quilombolas de Alcântara. Como afirma o cientista político e quilombola Danilo Serejo, é necessário seguir vigilante. Mas não sem registrar cada vitória.

# É preciso defender quem nos protege

Publicado na *Folha de S.Paulo*, em 13/1/2022

Zé do Lago, Márcia e Joene protegiam a Amazônia. Foram assassinados a tiros em São Félix do Xingu-PA. Dias antes, o quilombola José Francisco Lopes, da comunidade do Cedro, em Arari-MA, também foi assassinado, quando pessoas negras como eles eram especialmente atingidas por inundações e desmoronamentos na Bahia e em Minas Gerais.

O termo racismo ambiental ajuda a compreender como as chamadas mudanças climáticas nos impactam de modo desigual, a depender do CEP, renda, moradia, saneamento básico. E justamente quem defende populações vulneráveis e protege as matas e as águas corre mais riscos.

O relatório de 2021 da Global Witness contabilizou vinte ativistas ambientais assassinados no Brasil em 2020, indígenas na maioria. Apenas entre janeiro e novembro de 2021, a Comissão Pastoral da Terra registrou 26 assassinatos em conflitos no campo, além de destruição de casas, expulsões e outras violências em 418 territórios, 28% deles indígenas, 23% quilombolas.

Eliete Paraguassu, marisqueira e quilombola de Porto dos Cavalos, na Ilha de Maré, região metropolitana de Salvador, enfrenta o racismo ambiental e a violência contra defensoras de direitos humanos há quase vinte anos. Ao participar do estudo de Neuza Miranda, professora da Escola de Nutrição da UFBA, sobre contaminação industrial, tomou consciência dos níveis de chumbo, cádmio e mercúrio na baía de Todos os Santos, nos pescados e no adoecimento da população.

"De lá para cá não tive tranquilidade. São perseguições, ameaças e três ações na justiça contra mim", relata Eliete, que tem recebido o apoio de diversos movimentos e organizações. "A baía de Todos os Santos é nossa fonte de renda, de cultura, inspiração. Somos nós, pescadores, que cuidamos dos manguezais, das nascentes, das florestas. Fazemos a luta em defesa do bem viver e de toda forma de vida com os nossos corpos."

Que em 2022 assumamos a proteção de defensoras e defensores de direitos humanos como responsabilidade de cada um de nós.

# Minha avó plantou o Brasil

Publicado na revista *Gama*, em 23/2/2022

Em 23 de fevereiro de 2022, minha avó Polu faria 103 anos. Ou 107, porque ela não sabia se tinha nascido em 1915 ou 1919. No registro, a data a comemorar era o 24 de fevereiro, mas depois que eu nasci em um 23 de abril ela adotou o 23 também. Não há um único dia que eu não lembre dela, desde que morreu em casa, por insuficiência respiratória, enquanto tentávamos recuperar o fôlego com exercícios de respiração aprendidos com a fisioterapeuta. Eu tinha dezenove anos de idade e aprendi que morrer pode ser sereno e bonito, mesmo por falta de ar. "A única certeza da vida é a morte", ela repetia. "Pode ser branco, preto; rico, pobre, todo mundo usa o banheiro e um dia vai para debaixo da terra sem levar nada." O importante é o que a gente deixa.

Tenho acompanhado grupos de WhatsApp com pessoas — quase todas brancas — que se propõem a salvar o Brasil. Em alguns, já fazem planos para assumir um novo governo que desejamos, mas que ainda precisa de muito para ser conquistado. Em outros, se esforçam para provar que são mais antirracistas e aliados do movimento negro que qualquer um. Gente que se dá importância de verdade. Uma coisa curiosa que eu gostaria de compartilhar com a avó Polu. Imagino a gargalhada, seguida por um "faz-se besta". Se tem uma coisa que ela abominava era a petulância. E como poderia ter ensinado caso tivesse sido vista. Como as Polus invisíveis que lavam os banheiros de certos amigos antirracistas.

A população negra brasileira não tem direito a uma morte tranquila como a da minha avó Polu. Homens negros que buscam a segurança de um condomínio fechado podem ser baleados na porta de casa, afinal, parecem bandidos. E se na rua são retirados do carro para uma abordagem policial violenta que termina com sua execução na frente da esposa e dos filhos, a imprensa trata de levantar antecedentes criminais. Buscam justificativa para a execução? Em um país que não tem pena de morte nem depois de julgamento? O assassinato de jovens negros que acontecia a cada 23 minutos em 2010 tem sido mais frequente e se ampliado para homens mais velhos, para crianças, para mulheres, para jovens grávidas. E genocídio negro não tem antirracista que enfrente.

Sei que não é momento de brigar com aliado nem de deixar o cansaço se sobrepor à esperança, afinal, 2022. Mas o Brasil dos "coroné" que minha avó conheceu no sertão da Bahia ainda se sobrepõe ao Brasil feminista antirracista e liberto do colonialismo que tentamos fortalecer. As respostas para nossos problemas não estão em um conjunto de economistas brancos sentados ao redor de uma mesa, mesmo que sejam de esquerda. Estão nas Polus que produzem vida no campo e nas periferias das grandes cidades, mesmo que o mercado só ofereça migalhas e o Estado só ofereça morte para elas e seus filhos. Minha avó plantou as sementes do Brasil que a gente sonha. Como adubar para que floresça?

# Nossa subordinação política

Publicado na revista *Gama*, em 25/3/2022

Não é hora de falar sobre aborto. Nem de uma nova política de drogas. Muito menos de termos uma mulher negra candidata à presidência da República. Precisamos derrotar o fascismo. Concordo. Só não podemos esquecer de trabalhar para que a hora chegue, a correlação de forças mude e tenhamos condições de criar acordos com toda a população brasileira que sustentem uma política de vida a todes. Ou, enquanto adiamos urgências em nome do possível, abriremos espaço para que pão com leite condensado siga como símbolo de autenticidade e renovação política.

Estive recentemente na Colômbia, acompanhando a reta final da campanha de Francia Márquez às prévias que definiriam candidaturas à presidência da República; e no Chile, testemunhando nas ruas a posse do presidente Gabriel Borić. Além de inúmeras reuniões e encontros com movimentos negros e indígenas, nossa comitiva de cerca de quinze ativistas de grupos que compõem a Coalizão Negra por Direitos buscava esperança e inspiração de caminhos. Nos nutrimos.

Uma mulher preta do campo, que se dedica há décadas a enfrentar o neoliberalismo destruidor da mineração, ex-empregada doméstica, advogada, feminista antirracista, mãe solteira, ativista dedicada a criar possibilidades de vida em um contexto de violência e morte, foi a segunda candidata mais votada da favorita coalizão do Pacto Histórico nas prévias das eleições presidenciais colombianas, com mais de 700 mil votos. Na atividade final da campanha de Francia em Bogotá, em um teatro que misturava jovens brancas universitárias a mulheres e homens do povo, seu discurso emocionava pela verdade das propostas de emancipação encarnadas em seu corpo. "Mulheres negras, da resistência ao poder, até que a dignidade seja costume" foi um mote importante de toda a campanha. As mulheres que resistem ao machismo e ao racismo são as que cuidam de todo mundo e precisam estar no poder não para inverterem sua posição em uma lógica de desigualdade, mas para promoverem possibilidades de vida, justiça e direitos para todo mundo.

Vestida com um tecido afro colorido, com seu cabelo crespo, sapato baixo e adornada por búzios, Francia manifestava uma presença tranquila sem medo de tratar de qualquer tema. "Levantamos nossa voz e dizemos ao patriarcado: nossos direitos não se debatem, se defendem." Era sabido que Gustavo Petro, que liderava nas prévias e segue liderando todas as pesquisas eleitorais, seria o candidato à presidência pelo Pacto. Mas o desempenho de Francia nas urnas no dia 13 de março poderia garantir um ministério relevante ou, no melhor cenário, a vice-presidência. Dez dias depois, no dia 23, Francia foi anunciada como a candidata a vice.

No Chile, um homem eleito presidente aos 35 anos de idade é o mais velho — dos únicos com idade mínima para assumir o cargo — de seu grupo político. Forjado no movimento estudantil liderado por feministas, Gabriel Borić compôs um ministério com mais mulheres que homens, declarou um governo feminista e não contemporizou pautas importantes em seu discurso de posse: distribuição de riqueza, garantia de direitos humanos, compromisso com a América Latina, autonomia política internacional sem subordinação a potências, atenção à emergência climática, direitos de pescadores artesanais.

"Quero dizer, compatriotas, que vi seus rostos enquanto percorria nosso país: idosos cuja aposentadoria não é suficiente para viver porque alguns decidiram fazer da previdência um negócio. Aqueles que adoecem e suas famílias não têm como pagar os tratamentos. Quantos de vocês falaram conosco, nós nos olhamos nos olhos. Dos estudantes endividados, dos camponeses sem água por causa da seca e dos saques. Das mulheres que cuidam de seus filhos com autismo que encontro em todos os lugares do Chile. Para seus parentes acamados, para seus bebês indefesos. Das famílias que ainda procuram seus detentos desaparecidos, que não deixaremos de procurar. Das dissidências e diversidades de gênero que foram discriminadas e excluídas por tanto tempo. Aqueles dos artistas que não podem viver do seu trabalho porque a cultura não é suficientemente valorizada no nosso país. Os dos líderes sociais que lutam pelo direito à moradia digna nas populações do Chile. Dos povos nativos despidos de suas terras, mas nunca, nunca de sua história. Os da classe média esgotada, os dos filhos do Serviço Nacional de Menores (Sename), nunca mais, nunca mais, os rostos das zonas mais isoladas do nosso país como Magallanes de onde venho, os de quem vive na miséria esquecida. Com você é o nosso compromisso", afirmou Borić no Palácio de La Moneda, em Santiago, onde Allende foi visto com vida pela última vez, antes do bombardeio direcionado pelos militares golpistas que abriram caminhos para a ditadura de Pinochet.

A candidatura de Borić foi produto de uma frente amplíssima, construída com diálogo entre diferentes, mas sem abrir mão da agenda política de esquerda. Tanto Borić quanto Izkia

Siches, primeira ministra dos Interiores da história do Chile, número dois do governo, defenderam propostas consideradas polêmicas que, aqui no Brasil, parecem precisar ficar fora das eleições. A radicalidade das propostas anunciada por quem esteve nas ruas como resistência nos últimos anos foi a autenticidade e a renovação política que convenceu a maior parte do povo. Sem espaço para pão com leite condensado.

# Glossário

Redes de socioativismo, marcos jurídicos e patrimônios negros

**AGENTES POPULARES DE SAÚDE, DA UNEAFRO BRASIL**

Projeto criado pela UNEafro, em parceria com profissionais de saúde, para formar, informar e apoiar comunidades atendidas pelo movimento durante a crise sanitária de Covid-19. A proposta consistiu em formar uma rede de apoio que possibilitasse a circulação de informações sobre contágio, medidas de prevenção e auxílios financeiros concedidos pelo Estado para assistir as populações em situação de maior vulnerabilidade social. O projeto também criou mecanismos para arrecadar verba com a finalidade de adquirir e distribuir equipamentos de proteção individual para as comunidades assistidas.

**BATALHA DE DURBAN**

O termo foi canonizado por Sueli Carneiro e faz referência à disputa entre delegações pela incorporação de pautas propostas pelos movimentos negros para a Terceira Conferência Mundial contra o Racismo, a Discriminação Racial, a Xenofobia e Formas Correlatas de Intolerância, que ocorreu em Durban, África do Sul, e foi promovida pela ONU, em 2001. A Conferência foi resultado de uma articulação empreendida pelo diplomata José Augusto Lindgren Alves, em 1994, que sugeriu incorporar a questão do racismo à agenda de debates e criação de políticas da comunidade internacional. A inclusão do evento impulsionou a articulação dos movimentos negros com a finalidade de formar delegações e construir as pautas a serem levadas ao debate das delegações e, posteriormente, incluídas no documento gerado pelo encontro. As delegações dos Estados Unidos e de Israel se opuseram ao esboço de um documento que propunha o reconhecimento do tráfico de escravizados como crime de lesa-humanidade e abandonaram o evento. A batalha consistiu em assegurar que as pautas construídas coletivamente pela comunidade negra nos eventos que precederam a conferência fossem incorporadas ao programa de ação que resultaria da Conferência.

**COALIZÃO NEGRA POR DIREITOS**
Fundada em 2019, como desdobramento das articulações de entidades e organizações do Movimento Negro para denunciar a Lei 13964/2019, conhecida como pacote anticrime, e se contrapor ao Projeto de Lei 1443/2019, que propunha a revogação das cotas raciais como política de acesso às universidades. Diversas entidades se organizaram para protocolar uma denúncia do pacote anticrime na Comissão Interamericana de Direitos Humanos e solicitar que um observador internacional acompanhasse a questão no Brasil. No mesmo ano, entidades e organizações apresentaram uma nota técnica para, sob o argumento de que a medida era inconstitucional, se contrapor ao projeto de lei que propunha a revogação das cotas raciais.

A partir desses dois eventos, que compunham um cenário de perda de conquistas recentes, as organizações envolvidas fundaram a Coalizão Negra por Direitos, com o objetivo de facilitar a ação coletiva e coordenada de grupos organizados da sociedade civil em defesa dos direitos humanos e das populações negras nas instâncias da política formal e dos órgãos internacionais de defesa dos direitos humanos. Em 2020, a Coalizão reunia mais de 150 entidades, organizações e coletivos negros mobilizados em escala nacional e internacional.

**COORDENAÇÃO NACIONAL DE ARTICULAÇÃO DAS COMUNIDADES NEGRAS RURAIS QUILOMBOLAS (CONAQ)**
A organização, que atua em escala nacional representando os direitos das comunidades quilombolas no Brasil, foi fundada em 1996, como resultado do Encontro de Avaliação do Primeiro Encontro Nacional das Comunidades Negras Rurais Quilombolas. O primeiro encontro ocorreu em 1996, em Brasília, junto com a Marcha Zumbi dos Palmares — contra o racismo, pela cidadania e pela vida. Em 20 de novembro do mesmo ano, o então presidente Fernando Henrique Cardoso reconheceu a titulação da terra quilombola Boa Vista, no Pará, aplicando pela primeira vez a lei que previa a titulação de territórios de povos tradicionais, prevista pela Constituição de 1988.

O encontro refinou a definição de quilombo na contemporaneidade, ao propor que o conceito abrangesse as "terras de preto", "mocamos" e "comunidades negras rurais", assim autodenominadas por seus habitantes, além de criar a comissão provisória que foi substituída, no ano seguinte, pela Conaq. Atualmente, a organização conta com membros de comunidades quilombolas de 24 estados brasileiros, além de organizações vinculadas à questão agrária e do movimento negro.

**CONVERGÊNCIA NEGRA**
Surge em 2020, com o propósito de pressionar o Estado pela responsabilização institucional e jurídica dos envolvidos no assassinato de João Alberto Freitas, que foi morto em uma das unidades da rede de supermercados da empresa Carrefour. A Convergência é formada por instituições de pesquisa, ensino e extensão, como a Associação Brasileira de Pesquisadores/as Negros/as,

organizações centrais na história das relações raciais e das lutas pelos direitos civis da população negra no século 20, como o Movimento Negro Unificado, e entidades negras vinculadas aos movimentos eclesiais de base, como os Agentes de Pastoral Negros.

**ESTATUTO DA IGUALDADE RACIAL**
Norma jurídica regulamentada pela Lei 12288, com a finalidade de promover a igualdade racial em diversos âmbitos sociais. O estatuto, aprovado em 2010, remonta a uma viagem dos deputados Benedita da Silva, Edmilson Valentin, Domingos Leonelli, Carlos Alberto Caó e João Herrmann à África do Sul com o objetivo de reivindicar a libertação de Nelson Mandela. Durante a viagem, entraram em contato com a *Carta da liberdade do povo sul-africano contra o Apartheid*, por intermédio de Winnie Mandela. Esses eventos impulsionaram uma discussão no âmbito da política formal e dos setores do movimento negro que culminou na elaboração e apresentação do Estatuto, em 2010. O documento é a base para uma série de políticas de equidade racial, tais como as ações afirmativas, o fortalecimento do Sistema Nacional de Promoção da Igualdade Racial (Sinapir) e o Programa de Bolsa de Permanência Universitária, que contempla jovens negros e periféricos.

**GELEDÉS — INSTITUTO DA MULHER NEGRA**
Organização da sociedade civil fundada na cidade de São Paulo, em 30 de abril de 1988, por Sueli Carneiro, Solimar Carneiro, Ana Lucia Xavier Teixeira, Edna Roland, Nilza Iraci e Maria Lucia da Silva. A organização surge num contexto histórico de grande efervescência de articulações e abertura de canais de diálogo com o poder público, mediante a realização de ações como marchas, conferências e acionamento de órgãos internacionais de direitos humanos. O instituto é coordenado exclusivamente por mulheres negras, contando com a atuação de homens e mulheres de diversos pertencimentos raciais organizados em equipes de trabalho que desenvolvem ações de intervenção na política formal, bem como de acolhimento e assistência e disseminação de informação para as populações negras.

O instituto desenvolveu trabalhos importantes nas áreas da saúde, educação e comunicação, com ênfase nos direitos das mulheres de modo específico e da população negra de modo geral. Desde sua fundação, a organização também foi decisiva na construção do entendimento político de que a luta antirracista não pode ser separada das políticas de universalização dos direitos humanos. O nome do instituto faz menção à Gèledè, associação feminina que cultua Iyami Oxorongá, deusa e mãe ancestral dos Yorubás.

**IGREJAS DE NOSSA SENHORA DO ROSÁRIO DOS HOMENS PRETOS**
Construções que remontam ao século 16 e à atuação das Irmandades de Nossa Senhora do Rosário dos Homens Pretos. Compostas por escravizados e forros que trouxeram consigo a experiência com o catolicismo no reino do Congo e

demais sociedades da África Central, custearam a construção de suas igrejas e as transformaram em um espaço de acolhida de escravos fugidos, e mecanismo de organização de compras de alforrias, custeio de enterros e festas em devoção aos santos. As igrejas cumpriram um papel central na reconstrução das sociabilidades negras. A criação de dispositivos para a garantia de serviços básicos no período colonial é traduzida, na atualidade, nas relações entre as irmandades e grupos organizados da sociedade civil, como as pastorais que atuam prestando assistência, monitorando e reivindicando direitos sociais e civis para as populações negras.

**INSTITUTO MARIELLE FRANCO**
Organização sem fins lucrativos criada em memória de Marielle Franco, fundada por familiares da vereadora em 2020, mediante a arrecadação de fundos de um financiamento coletivo. A organização foi divulgada durante a inauguração da Casa Marielle, no Rio de Janeiro. Os objetivos do instituto são acompanhar a investigação do assassinato de Marielle Franco, pressionando o Estado por uma resolução, e coordenar projetos vinculados à memória e atuação política de Marielle.

**INSTITUTO TERRA, TRABALHO E CIDADANIA (ITTC)**
Organização que atua em defesa dos direitos humanos de homens e mulheres encarcerados. Fundado em 1997, o instituto estabeleceu parcerias com pesquisadores e organizações como a Pastoral Carcerária Nacional e a Associação Brasileira de Defesa da Mulher, da Infância e da Juventude para reportar casos de violação de direitos no sistema prisional, produzir materiais informativos sobre a situação dos encarcerados e criar projetos de ressocialização.

**ÌROHÌN — CENTRO DE DOCUMENTAÇÃO, COMUNICAÇÃO E MEMÓRIA AFRO-BRASILEIRA**
A criação da organização não governamental Ìrohìn foi uma das ações que decorreram da realização da Marcha Zumbi dos Palmares: contra o racismo, pela cidadania e vida, que ocorreu em 1995. O conjunto de atividades desenvolvidas pelo centro é voltado à promoção e salvaguarda da memória das populações negras, à oferta de atividades de formação em educação antirracista e administração pública e ao monitoramento de projetos de interesse das populações negras que tramitam nas esferas legislativas do Estado.
O centro realiza um importante trabalho de recolha e catalogação de documentos da história e atuação negras no Brasil. Sediado em Salvador, Bahia, abriga periódicos e revistas da imprensa negra, panfletos, cartazes e publicações de intelectuais negros sobre temáticas raciais.

**JORNAL *THE BLACK PANTHER***
Jornal oficial do Partido dos Panteras Negras. Foi fundado por Huey P. Newton e Bobby Seale, em 1967, e desenhado para ser um boletim informativo das

atividades do Partido. O aumento gradativo de leitores impactou a circulação e o conteúdo do jornal. A publicação, inicialmente distribuída em Oakland, Califórnia, passou a circular em diversas cidades dos Estados Unidos e, posteriormente, entre uma comunidade internacional de leitores. O aumento do interesse levou à diversificação das pautas do jornal, que passou a publicar artigos sobre revoluções e lutas raciais que ocorriam no globo. *The Black Panther* foi publicado até 1980.

**MÃES DE MAIO**

A organização é desdobramento dos chamados Crimes de Maio de 2006, que consistiram no extermínio de cerca de quinhentos jovens negros, afro--indígenas e periféricos por policiais e grupos de extermínio. Os assassinatos foram uma forma de retaliação aos ataques do Primeiro Comando da Capital (PCC) contra 59 agentes públicos, que ocorreram no mesmo ano, na Grande São Paulo e na Baixada Santista (SP). Além dos assassinatos, foi reportado o desaparecimento de quatro jovens. As mães, familiares e amigos desses jovens assassinados e desaparecidos formaram uma rede que denuncia a violência de Estado e reivindica a memória e a responsabilização dos envolvidos nesses crimes.

**MANIFESTO DA MARCHA DAS MULHERES NEGRAS DE 2015**

O documento foi um dos produtos da Marcha de Mulheres Negras — contra o racismo e o sexismo e pelo bem-viver, que reuniu cerca de 50 mil manifestantes e entidades em Brasília, no ano de 2015. O título da marcha desvela a persistência das desigualdades nas relações de raça e gênero na sociedade brasileira, além de demarcar a afinidade política com o bem-viver, cosmovisão que abrange um conjunto de valores comunitários que estão na base das propostas políticas recentes de comunidades ameríndias. A adoção do conceito de bem-viver como pauta das mulheres negras remonta a um antecedente da Marcha que ocorreu em 2015: o Primeiro Encontro de Mulheres Negras Afro-Latino-Americanas, que ocorreu em Santo Domingo, República Dominicana, em 1992.

O manifesto retoma aspectos implicados no nome e nas articulações que viabilizaram a marcha. No documento, há uma discussão sobre a situação atual das mulheres negras que se estrutura a partir dos conceitos de raça, gênero e classe para explicar a persistência das desigualdades. Em adição, o bem-viver é apresentado, tal como ocorre nas mobilizações das comunidades ameríndias, como cosmovisão e proposta política com potencial de estruturar políticas de enfrentamento das desigualdades de gênero e construção de relações mais equânimes entre raças, gêneros e seres humanos e o meio ambiente.

**MARCHA ZUMBI DOS PALMARES — CONTRA O RACISMO, PELA CIDADANIA E A VIDA**

Ocorreu em Brasília, em 1995, na efeméride de trezentos anos do assassinato de Zumbi dos Palmares. A Marcha reuniu mais de 30 mil pessoas e tinha como objetivo denunciar o racismo no Brasil e a falta de políticas públicas de promoção da equidade racial. Fernando Henrique Cardoso, presidente à época, recebeu representantes da Marcha, que entregaram um documento que alertava para a persistência das desigualdades raciais, apresentava um diagnóstico da situação das relações raciais, baseado na recolha de dados levantados por institutos de pesquisa, e propunha uma política nacional de enfrentamento ao racismo. O evento foi um importante impulsionador da criação do Grupo de Trabalho Interministerial para a Valorização da População Negra e é um antecedente das políticas de ações afirmativas que o sucederam.

**MOVIMENTO DE MULHERES NEGRAS**
Refere-se aos movimentos contemporâneos de mulheres negras, que nasce no bojo dos movimentos negros e feministas. A constatação de que a especificidade da experiência social de ser mulher negra não era amplamente acolhida nem por movimentos negros nem pelo movimento feminista gerou um amplo debate acerca do machismo nos movimentos negros e do racismo nos movimentos feministas. Entre os antecedentes da organização contemporânea do Movimento de Mulheres Negras, são marcos a Década Internacional da Mulher, inaugurada pela ONU em 1975, o Encontro Nacional de Mulheres, que ocorreu no Rio de Janeiro, em 1979, e o Terceiro Encontro Feminista Latino--Americano, que aconteceu em Bertioga (SP), em 1985.

A exclusão de pautas antirracistas e a desconsideração de questões que atingiam mulheres negras durante os eventos supramencionados impulsionou o debate sobre a necessidade de criar articulações que dessem visibilidade a essas pautas. Em 1988, ano do centenário da Abolição da Escravidão, ocorreu o Primeiro Encontro Nacional de Mulheres Negras. O evento contou com uma série de mesas de debate e atividades com a finalidade de criar redes de articulação entre mulheres negras e construir uma agenda política que tivesse como cerne a visibilidade de pautas que promovessem a igualdade de gênero nos movimentos negros e a igualdade racial nos movimentos feministas. O evento foi realizado na cidade de Valença, no Rio de Janeiro, durou quatro dias e reuniu mais de quatrocentas mulheres negras de todas as regiões do país.

**MOVIMENTO NEGRO UNIFICADO**
Organização de luta pelos direitos civis da população negra cuja origem foi desdobramento da morte de Robinson Silveira da Luz, torturado por policiais em decorrência da acusação de roubar frutas em uma feira de rua, e da discriminação de adolescentes negros que integravam o time infantil de vôlei do Clube de Regatas Tietê. Esses acontecimentos culminaram na manifestação pública de diversos setores do movimento negro. Em 7 de julho de 1978, ocorreu o lançamento público do MNU, em uma manifestação em frente ao Teatro Municipal que reuniu cerca de 2 mil pessoas representantes de entidades vinculadas ao movimento negro de várias regiões do país.

**PAGODE NA DISCIPLINA**
Organização que nasce em 2015 com o objetivo de, por meio do samba, criar um espaço de lazer e sociabilidade em Cidade Ademar, distrito da Zona Sul de

São Paulo. O distrito, que possui mais de 200 mil habitantes, não conta com equipamentos de cultura, o que motivou coletivos e moradores a realizarem, uma vez por mês, a roda de Samba Pagode na Disciplina na via pública. Em 2018, a organização do evento já contava com uma pequena sede, mas em virtude do espaço, que não comportava o público do evento, o samba segue ocorrendo na via pública.

O evento é organizado para que haja espaços de sociabilidade para todas as faixas etárias, oferecendo um local de recreação para crianças. O samba também funciona como frente de organização de políticas para a população negra e periférica que extrapola o lazer. Em parceria com a UNEafro, a organização que produz o pagode compõe uma rede de articulação para a educação de jovens e adultos periféricos.

### TANQUE DO ZUNIGA

A região nomeada, no século 19, como Tanque do Zuniga (ou Zunega) abrangia o atual largo do Paissandú, parte da avenida São João e o edifício dos Correios, em São Paulo. Ao longo do século, foi ocupada por mulheres negras forras e escravizadas, que se reuniam para lavar roupas na Várzea do Carmo, em uma lagoa nomeada Tanque do Zunega. A lagoa era abastecida pelo rio Anhangabaú, que foi aterrado para dar lugar ao largo do Paissandú. A expressiva ocupação negra desse território, mediante o exercício do ofício das lavadeiras e a circulação de negros forros e outros escravizados de ganho, convertem-no em espaço de sociabilidade desse grupo racial.

### UNEAFRO BRASIL

A União de Núcleos de Educação Popular para Negras/os e Classe Trabalhadora foi fundada em 2009, após uma marcha de ativistas que partiu da Faculdade de Medicina da USP até o Trianon, na avenida Paulista, com o objetivo de ampliar o debate sobre a falta de acesso de negros e pobres aos espaços de educação formal. A organização congrega ativistas de diversas lutas sociais, tais como os movimentos de cursinhos populares e o movimento sindical e da luta antirracista, atuando em diversas causas sociais. O trabalho mais conhecido da organização é a oferta de cursinhos preparatórios para o ingresso nas universidades, que atendem principalmente a jovens negros.

# Índice onomástico

Adélio, 107, 109
Adichie, Chimamanda, 52
Adorno, Theodor W., 52, 154
Adriano, capitão, 104
Allende, Salvador, 185
Almeida, Marco Antonio de, 153
Alves, José Augusto Lindgren, 187
Alves, Ronald Paulo, 106
Araújo, Rosangela Costa, *ver* Mestra
    Janja
Arendt, Hannah, 42
Arruda Camargo, Maria Thereza
    Lemos de, 130

Bacellar, Laura, 73
Bairros, Luiza, 43, 81, 165
Baldwin, James, 69
Barbosa dos Reis, Luana, 116
Barros, Antonieta de, 81
Batista, Jurema, 150
Belchior, Douglas, 91
Beli, Beth, 122, 124
bell hooks [Gloria Jean Watkins], 67,
    78, 80
Benjamin, Walter, 52
Bentes, Nilma, 81
Bento, Cida, 81, 136
Bento, Luciana, 73

Beradt, Charlotte, 84
Biko, Steve, 42, 54, 57
Bolsonaro, Flávio, 103, 106, 109, 152
Bolsonaro, Jair Messias, 74, 79, 90-1,
    106-10, 132, 143, 152, 162, 168, 177
Bolsonaro, Michelle, 106
Borges, Breno Fernando Solon, 24
Borić, Gabriel, 183-5
Bosi, Ecléa, 154, 169-70
Braga Vieira, Rafael, 24
Braga, Sandra, 75-7
Brandão, Leci, 50, 81
Brazão, Chiquinho, 106, 109
Brazão, Domingos Inácio, 92, 103,
    106, 109
Brazão, família, 103
Butler, Octavia E., 65

Cabezón, Gabriela, 51
Cabral Filho, Sérgio, 87
Cabral, Carlos, 77
Campos Mello, Laudelina de, 81
Caó, Carlos Alberto, 189
Cardoso, Edson, 41-3
Cardoso, Fernando Henrique, 188, 191
Carneiro, Luanda, 120
Carneiro, Solimar, 189
Carneiro, Sueli, 12, 32, 35-6, 56, 67,

79-81, 114, 118-22, 124, 127, 147, 162, 165, 170, 187, 189
Carneiro, Zé Horácio, 118
Carolina, Áurea, 50, 55
Carvalho, Fabíola, 140
Carvalho, Igor, 106
Chaui, Marilena, 170
Costa, Dona Ivone Lara da, 81
Costa, Júlio César da, 73
Coutinho, Eduardo, 63
Cuenca, João Paulo, 52
Cunha, Eunice, 81
Curicica, 103

Daflon, Verônica Toste, 127
Daniel, Celso, 109
Dantas, Gabriel, 113
Davis, Angela, 23, 24, 67, 92
Dias, Eliane, 59
Domênico, Deivid, 73
Dornellas, Deborah, 73
Duarte, Mel, 73

Egipcíaca, Rosa, 46
Elisa Lucinda, 81
Epalanga, Kalaf, 49
Espírito Santo, Maria Bibiana do, 47
Evaristo, Conceição, 56, 59, 73, 81

Fanon, Frantz, 67
Faria, Nalu, 56
Federici, Silvia, 19, 20, 134
Félix, Ágatha, 87-8, 116
Fernandes, Florestan, 42
Fernandes, Joyce, ver Preta Rara
Ferreira dos Santos, José Maria, 39
Firmino, Patrícia, 106
Floyd, George, 111, 135
Foucault, Michel, 162
Francisco, Mônica, 50
Franco, Anielle, 110
Franco, Marielle, 29-30, 50, 56-9, 75, 77, 83, 91, 103, 106-9, 116, 146, 152, 190
Freire, Marcelino, 73

Freire, Paulo, 85
Freitas, Angélica, 73
Freitas, João Alberto, 188
Freitas, Maitê, 71, 72
Freud, Sigmund, 154
Freyre, Gilberto, 35

Gagnebin, Jeanne Marie, 154
Gama, Luiz, 122-4, 128
Garcia, Esperança, 46, 51, 81
Gomes, Anderson, 40, 106-9
Gomes, Márcia, 179
Gonçalves, Ana Maria, 64, 73
Gonzaga, Pedro, 66
Gonzaga, Pedro Henrique, 111
Gonzalez, Lélia, 12, 35-6, 67, 81, 119, 127-8, 146-51, 165
Guedes, Guilherme Silva, 115-6

Haddad, Fernando, 51, 108
Hasenbalg, Carlos, 127, 148-9
Herrmann, João, 189
Hitler, Adolf, 52, 84
Horkheimer, Max, 52
Huck, Luciano, 98

Inquérito, Renan, 73

Jacoel, Maurice, 119
Jenkins, Barry, 69
Jesus, Carolina Maria de, 81
Johnson, Hank, 91, 178

Kilomba, Grada, 78-80, 154
Kleemann, Silke, 51

Lacan, Jacques, 148
Lago, Zé do, 179
Leonelli, Domingos, 189
Lessa, Ronnie, 106, 110
Lima Barreto, 43
Lima, Márcia, 146, 148
Lisboa, Joene Nunes, 179
Lopes, José Francisco, 179
Lopes, Flávia, 106

Lopes, Wellington, 111
Lotufo, Paulo, 113
Lula da Silva, Luís Inácio, 91
Luna, Luedji, 73
Luz, Robson Silveira da, 192

Mãe Andresa, 63
Mãe Beata de Yemanjá, 63
Mãe Celina de Xangô, 55
Mãe Hilda Jitolu, 63
Mãe Senhora, 47, 63
Mãe Stella de Oxóssi, 81
Malunguinho, Érica, 50
Mandela, Nelson, 189
Mandela, Winnie, 189
Marcelino, Thiago, 167-8
Márquez, Francia, 10, 183, 184
Martins, Geovani, 52, 72-3
Mattos, Hebe, 33
Mazzarello, Maria, 73
Mbembe, Achille, 114, 120, 162
Meirelles, Donata, 63
Menezes, Hélio, 63
Mestra Janja, 51
Mestre Moa, 51
Miranda, Neuza, 180
Monteiro, Daniela, 50
Moreth, Jorge, 106
Moro, Sergio, 76
Morrison, Tom, 129
Motta, Islene, 73
Motta, Zezé, 73
Mukasonga, Scholastique, 84, 161, 163
Munanga, Kabengele, 36, 127
Murakami, José, 143

Nagayama, Eda, 73
Nascimento, Abdias, 45, 47, 67, 119, 123-4, 128
Nascimento, Beatriz, 81
Nascimento, Maria de Lourdes Vale, 81
Nascimento, Milton, 120
Nega Duda, 51, 71, 73, 124
Neves Pereira, Jorge Luiz, 140, 142
Newton, Huey P., 190

Nietzsche, Friedrich, 154
Nóbrega, Adriano da, 106, 109

Paraguassu, Eliete, 179-80
Passapusso, Russo, 73
Pedro II, dom, 40
Pereira, Neusa Maria, 81
Pérola Negra, Jovelina, 81
Petro, Gustavo, 184
Petrone, Talíria, 50
Pilar, Tula, 71
Pinochet, Augusto, 185
Pinto, João Pedro Mattos, 107, 113, 116
Pinto, Rafael, 118
Pivotto, Debora, 68
Popyguá, Timóteo Verá Tupã, 73
Prado, Antônio, 39
Prado, Martinico, 39
Preta Rara, rapper, 18

Queiroz, Elcio, 106
Queiroz, Fabrício, 106
Queiroz, Nana, 25
Querino, Bárbara, 68-9
Quilombola, Sandra, 56

Ramos, Juan, 113
Ratts, Alex, 63, 148
Reis, Maria Firmina dos, 81
Ribeiro, Matilde, 81
Ricoeur, Paul, 154
Rios, Flavia, 146, 148
Rocha, Carol, 56
Roland, Edna, 189
Rosende, Mercedes, 51
Roussef, Dilma, 91
Rufino, Rubens, 146

Salles, Ricardo, 132
Santana, Bianca, 108
Santana, Tiganá, 153
Santos, Regina Lúcia dos, 51
Santos, Thereza, 127
Sarney, José, 76
Schucman, Lia Vainer, 68

196

Schwarcz, Lilia Moritz, 33
Seale, Bobby, 190
Serejo, Danilo, 76, 178
Seu Vermelho, liderança, 95-6
Siches, Izkia, 185-6
Silva, Benedita da, 81, 138, 150, 189
Silva, Cidinha da, 55, 73, 81, 124, 165-6
Silva, Maria Lúcia da, 189
Silva, Nilza Iraci, 189
Silva, Sandra, 76
Silveira, Bruna, 141
Soares, Elza, 56, 63
Souza, Renata, 50

Tata Mutá Imê, 153

Teixeira, Ana Lúcia Xavier, 189
Trajano, Frederico, 136
Trajano, Luiza Helena, 136
Trindade, Solano, 22
Trump, Donald, 91, 177
Tula Pilar [Ferreira], 71-2, 74

Valentin, Edmilson, 189
Valle Silva, Nelson do, 127-8
Vargas, Getúlio, 17
Vieira, Luana, 167-8

Werneck, Jurema, 81, 165-6
Witzel, Wilson, 87

Zelnys, Geruza, 73

A marca FSC® é a garantia de que a madeira utilizada na fabricação do papel deste livro provém de florestas gerenciadas de maneira ambientalmente correta, socialmente justa e economicamente viável e de outras fontes de origem controlada.

Copyright da tradução © Bianca Santana 2022

Todos os direitos reservados. Nenhuma parte desta obra pode ser reproduzida, arquivada ou transmitida de nenhuma forma ou por nenhum meio sem a permissão expressa e por escrito da Editora Fósforo.

EDITORA Juliana de A. Rodrigues
EDIÇÃO E GLOSSÁRIO Cristiane Alves Avelar
PREPARAÇÃO Cacilda Guerra
REVISÃO Tácia Soares e Anabel Ly Maduar
ÍNDICE ONOMÁSTICO Maria Claudia Carvalho Mattos
DIREÇÃO DE ARTE Julia Monteiro
CAPA Danilo de Paulo | mercurio.studio
PROJETO GRÁFICO DO MIOLO Alles Blau
EDITORAÇÃO ELETRÔNICA Página Viva

Dados Internacionais de Catalogação na Publicação (CIP)
(Câmara Brasileira do Livro, SP, Brasil)

Santana, Bianca
  Arruda e guiné : Resistência negra no Brasil contemporâneo / Bianca Santana ; prefácio Edson Lopes Cardoso. — São Paulo : Fósforo, 2022.
  ISBN: 978-65-89733-63-8
  1. Ativismo 2. Democracia 3. Desigualdades sociais 4. Ensaios — Coletâneas 5. Identidade de gênero 6. Movimentos sociais — Brasil 7. Negros — Brasil — Condições sociais 8. Políticas públicas 9. Políticas sociais 10. Resistência I. Cardoso, Edson Lopes. II. Título.

22-111015                                    CDD — 305.80981

Índice para catálogo sistemático:
1. Brasil : Resistência negra : Aspectos sociais    305.80981

Eliete Marques da Silva — Bibliotecária — CRB-8/9380

Editora Fósforo
Rua 24 de Maio, 270/276
10º andar, salas 1 e 2 — República
01041-001 — São Paulo, SP, Brasil
Tel: (11) 3224.2055
contato@fosforoeditora.com.br
www.fosforoeditora.com.br

Este livro foi composto em GT Alpina e
GT Flexa e impresso pela Ipsis em papel
Pólen Soft 80 g/m² da Suzano para
a Editora Fósforo em junho de 2022.